한국어 교재 활용시리즈

충북대학교
국제교류원

매일 만나는
한국어1 활용

발간사

교육은 누구에게 어떤 내용을 어떻게 전달하는가의 문제이고, 교재는 소통의 핵심 위치에 자리합니다. 교육 환경이 시시각각 변화하는 지금, 교육의 질적 향상을 위해 교육 종사자는 항상 새로운 길을 진지하게 고민하지 않을 수 없으며, 교재 편찬 역시 그 고민의 중요한 일부입니다.

충북대학교 국제교류원 한국어교육부는 지난 10여 년간 외국인들에게 한국어교육을 성실히 담당해 왔습니다. 십 년간의 노력을 통해 얻은 노하우는 실로 금쪽같이 귀한 것입니다. 우리는 이를 더욱 찬란한 보석으로 만들기 위해 총체적으로 정리 · 분석하여 10년 후를 준비하는 교재를 만들기로 결정했습니다.

충북대학교 국제교류원 한국어교육부의 교육 목표를 충실하게 실천하기 위해, 한국어 교육의 새로운 길을 열기 위해, 학습자들의 최대 성취를 위해 교재 발간에 참여한 저자들은 최선을 다하고자 했습니다. 그 긴 기간, 만사를 제쳐두고 교재 편찬에 매진한 모든 국제교류원 한국어 선생님들께 이 지면을 빌려 충심에서 우러나는 존경과 감사의 마음을 전합니다.

모든 일의 마무리에는 서운하고 부족한 부분이 있기 마련입니다. 한국어 교재 편찬 작업 역시 완벽할 수 없기에 앞으로 수정과 보완이 지속적으로 이루어져야 합니다. 이를 위해 많은 전문가들의 날카로운 질정이 반드시 필요하다고 생각합니다. 이를 바탕으로 충북대학교 한국어교육은 보다 높은 목표를 향해 계속 전진할 수 있는 단단한 기초를 마련할 수 있을 것으로 생각합니다.

2012년 6월

충북대학교 국제교류원 원장 **김 일 수**

일러두기

「매일 만나는 한국어 1 활용」은 초급 학습자를 대상으로 했습니다. 「매일 만나는 한국어 1 활용」은 「매일 만나는 한국어 1」의 부교재로 한국어 수업 시간에 배운 내용을 교사와 학습자가 함께 연습할 수 있도록 만들었습니다.

각 과의 01항부터 04항까지는 「매일 만나는 한국어 1」 교재에 제시된 어휘와 문법 항목들을 학생들이 직접 연습을 할 수 있도록 구성했습니다. 어휘 영역은 교재에서 배운 것을 확장하여 연습할 수 있도록 했으며 문법 영역은 교재에서 다룬 용법에 따라 다양한 유형의 문제를 풀고 익힐 수 있도록 구성했습니다.

각 과의 05항은 복습 활동 영역으로서 01항부터 04항까지 배운 내용을 어휘, 문법, 쓰기, 듣기, 읽기, 말하기 영역으로 나누어 복습할 수 있도록 했습니다.

듣기 활동의 지문을 수록하여 듣기 후 내용을 정확하게 이해할 수 있도록 했습니다.

마지막으로 모범 답안을 두어 학습자가 혼자서 예습 또는 복습을 할 경우에 문제의 답을 확인할 수 있도록 했습니다.

단원 구성

과		소제목
1과 한글	01	모음1, 자음1
	02	모음2, 자음2, 복습1
	03	받침, 복습2
2과 인사와 소개	01	저는 말레이시아 사람입니다.
	02	이것은 사전입니다.
	03	가족이 몇 명입니까?
	04	여기는 한국어 교실입니다.
	05	복습
3과 학교	01	교실에 무엇이 있습니까?
	02	충북대학교에서 한국어를 배웁니다.
	03	기숙사에서 살지 않습니다.
	04	개신문화관 지하 1층으로 가세요.
	05	복습
4과 일상생활1	01	한국어 수업은 몇 시에 시작해요?
	02	한국어 수업은 월요일부터 금요일까지 있어요.
	03	주말에 무엇을 할 거예요?
	04	어제 무엇을 했어요?
	05	복습
5과 쇼핑	01	연필이나 볼펜 있어요?
	02	김치찌개를 먹읍시다.
	03	코미디 영화를 보러 갑시다.
	04	한번 입어 보세요.
	05	복습

목차

발간사

일러두기

단원 구성

1과 한글 | 1

01. 모음1, 자음1 | 2
02. 모음2, 자음2, 복습1 | 7
03. 받침, 복습2 | 17

2과 인사와 소개 | 25

01. 저는 말레이시아 사람입니다. | 26
02. 이것은 사전입니다. | 33
03. 가족이 몇 명입니까? | 40
04. 여기는 한국어 교실입니다. | 45
05. 복습 | 51

3과 학교 | 59

01. 교실에 무엇이 있습니까? | 60
02. 충북대학교에서 한국어를 배웁니다. | 65

03. 기숙사에서 살지 않습니다. | 72
04. 개신문화관 지하 1층으로 가세요. | 80
05. 복습 | 87

4과 일상생활 1 | 95

01. 한국어 수업은 몇 시에 시작해요? | 96
02. 한국어 수업은 월요일부터 금요일까지 있어요. | 102
03. 주말에 무엇을 할 거예요? | 108
04. 어제 무엇을 했어요? | 117
05. 복습 | 124

5과 쇼핑 | 133

01. 연필이나 볼펜 있어요? | 134
02. 김치찌개를 먹읍시다. | 140
03. 코미디 영화를 보러 갑시다. | 146
04. 한번 입어 보세요. | 152
05. 복습 | 158

듣기 지문 | 166

모범 답안 | 174

| 매일 만나는 한국어 1 활용 |

1과 한글

01. 모음1, 자음 1

02. 모음2, 자음2, 복습1

03. 받침, 복습2

01 모음1

1. 다음을 읽고 쓰십시오.

모음	발음	쓰기						
아	[a]	아						
어	[ə]							
오	[o]							
우	[u]							
으	[ɨ]							
이	[i]							
애	[ɛ]							
에	[e]							
외	[ö]							
위	[ü]							

2. 다음을 잘 듣고 쓰십시오.

1) ______________________________

2) ______________________________

3) ______________________________

4) ______________________________

5) ______________________________

6) ______________________________

7) ______________________________

8) ______________________________

9) ______________________________

10) ______________________________

3. 다음을 잘 듣고 맞는 글자에 O 표를 하십시오.

1) 아 ( ) 어 ( ) 2) 오 ( ) 우 ( )

3) 외 ( ) 에 ( ) 4) 우 ( ) 으 ( )

5) 위 ( ) 이 ( ) 6) 애 ( ) 어 ( )

7) 어 ( ) 우 ( ) 8) 외 ( ) 위 ( )

4. 다음을 잘 듣고 맞으면 O 표를, 틀리면 X 표를 하십시오.

1) 오 ( ) 2) 아 ( )

3) 어 ( ) 4) 외 ( )

5) 애 ( ) 6) 으 ( )

7) 이 ( ) 8) 우 ( )

9) 아이 ( ) 10) 오이 ( )

01 자음1

1. 다음을 읽고 쓰십시오.

자음 \ 모음		ㅏ	ㅓ	ㅗ	ㅜ	ㅡ	ㅣ	ㅐ	ㅔ	ㅚ	ㅟ
	발음	[a]	[ə]	[o]	[u]	[ɨ]	[i]	[ɛ]	[e]	[ö]	[ü]
ㄱ	[k]	가									
ㄴ	[n]										
ㄷ	[t]										
ㄹ	[r]										
ㅁ	[m]										
ㅂ	[p]										
ㅅ	[s]										
ㅇ	[ŋ]										
ㅈ	[ʒ]										
ㅊ	[ʦ]										
ㅋ	[kʰ]										
ㅌ	[tʰ]										
ㅍ	[pʰ]										
ㅎ	[h]										

2. 다음을 잘 듣고 맞는 것에 O 표를 하십시오.

1) 귀	( )	쥐	( )	2) 코	( )	키	( )
3) 차	( )	자	( )	4) 더위	( )	거위	( )
5) 오리	( )	우리	( )	6) 거기	( )	고기	( )
7) 파도	( )	바다	( )	8) 나무	( )	너무	( )
9) 무리	( )	머리	( )	10) 후추	( )	고추	( )
11) 치즈	( )	시소	( )	12) 투구	( )	투수	( )
13) 새우	( )	매우	( )	14) 아래	( )	카레	( )

3. 다음 그림을 보고 맞는 것을 연결하십시오.

1) 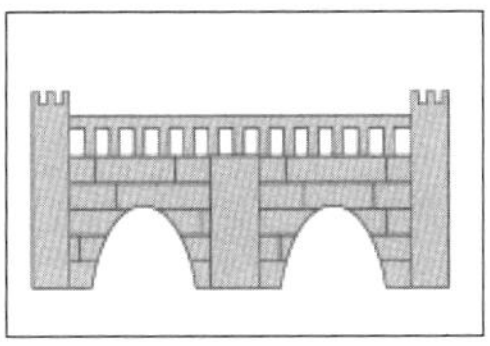 •   • 사자

2)  •   • 지도

3) 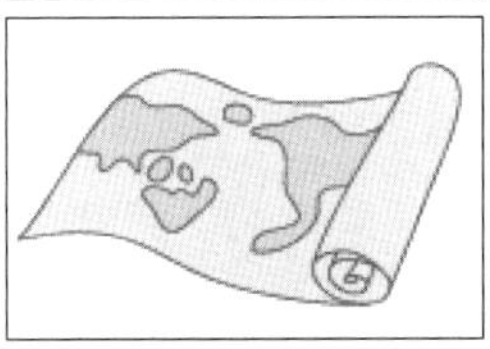 •   • 다리

4)  •   • 모자

5) 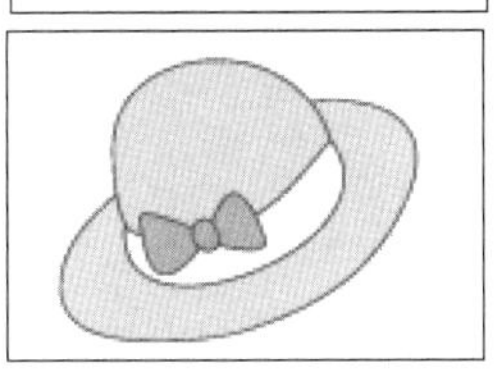 •   • 카메라

4. 다음 그림을 보고 단어를 완성하십시오.

1)
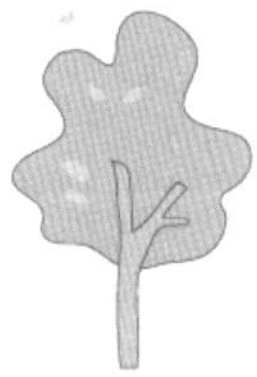

ㄴ ㅏ 무
나 무

2)

ㅏ 디오

3)

어ㅁ 니

4)
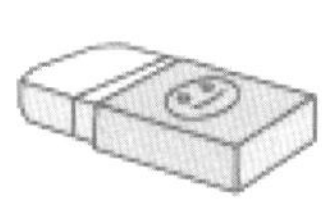

지우ㄱ

5)

비ㄴ

6)

도

7)

투

8)

아

9)
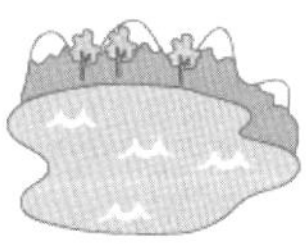

수

10)
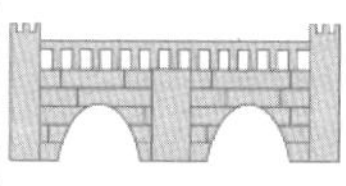

다

02 모음2

1. 다음을 읽고 쓰십시오.

모음	발음	쓰기						
야	[ja]	야						
여	[jə]							
요	[jo]							
유	[ju]							
얘	[jɛ]							
예	[je]							
와	[wa]							
왜	[wɛ]							
워	[wə]							
웨	[we]							
의	[ɨy]							

2. 다음을 잘 듣고 쓰십시오.

1) ____________________ 2) ____________________

3) ____________________ 4) ____________________

5) ____________________ 6) ____________________

7) ____________________ 8) ____________________

9) ____________________ 10) ____________________

3. 다음을 잘 듣고 알맞은 것을 고르십시오.

1) (　　　)
① 야　② 여　③ 의　④ 왜

2) (　　　)
① 폐　② 위　③ 얘　④ 계

3) (　　　)
① 벼　② 혀　③ 표　④ 효

4) (　　　)
① 의　② 왜　③ 워　④ 예

5) (　　　)
① 러　② 려　③ 료　④ 래

4. 다음을 잘 듣고 맞는 글자에 O 표를 하십시오.

1) 대지 (　　) 돼지 (　　)　2) 우려 (　　) 우레 (　　)

3) 세계 (　　) 시계 (　　)　4) 교회 (　　) 교외 (　　)

5) 의자 (　　) 의사 (　　)　6) 외과 (　　) 외자 (　　)

7) 과도 (　　) 고도 (　　)　8) 교차 (　　) 교자 (　　)

9) 무료 (　　) 유료 (　　)　10) 자유 (　　) 좌우 (　　)

5. 다음 그림을 보고 맞는 것을 연결하십시오.

1) 

2) 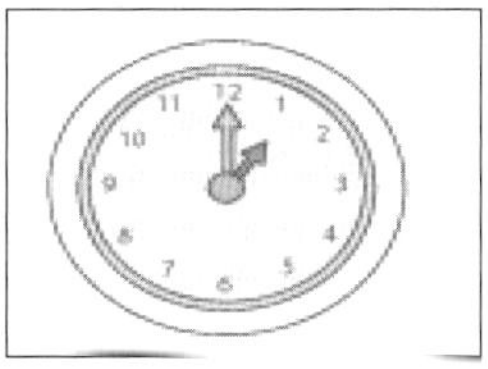

3) 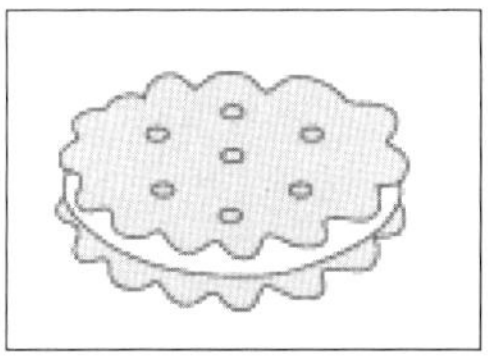

4) 

5) 

- 과자
- 샤워
- 시계
- 야구
- 의사

6. 다음을 잘 듣고 맞으면 ○ 표를, 틀리면 X 표를 하십시오.

1) 여유 ( )　　2) 예의 ( )

3) 회의 ( )　　4) 우표 ( )

5) 휴지 ( )　　6) 세계 ( )

02 자음2

1. 다음 자음과 모음을 가지고 글자를 만드십시오.

모음 / 자음		ㅏ	ㅓ	ㅗ	ㅜ	ㅡ	ㅣ
ㄲ	[k']	까					
ㄸ	[t']						
ㅃ	[p']						
ㅆ	[s']						
ㅉ	[č']						

2. 다음을 잘 듣고 쓰십시오.

1) ______________________ 2) ______________________

3) ______________________ 4) ______________________

5) ______________________ 6) ______________________

7) ______________________ 8) ______________________

3. 다음을 잘 듣고 알맞은 것을 고르십시오.

1) (　　　)

① 싸　② 짜　③ 쌰　④ 쨔

2) (　　　)

① 뽀　② 꼬　③ 뻐　④ 꺼

3) (　　　)

① 뼈　② 쎠　③ 빼　④ 쌔

4) (　　　)

① 쑈　② 쬬　③ 쮸　④ 뀨

5) (　　　)

① 꽤　② 뙈　③ 꿔　④ 뚸

4. 다음을 잘 듣고 맞는 글자에 O 표를 하십시오.

1) 아빠 (　　　)　오빠 (　　　)　2) 도끼 (　　　)　토끼 (　　　)

3) 차기 (　　　)　차키 (　　　)　4) 고리 (　　　)　교리 (　　　)

5) 꼬리 (　　　)　쪼리 (　　　)　6) 싸다 (　　　)　사다 (　　　)

7) 짜다 (　　　)　찌다 (　　　)　8) 치다 (　　　)　차다 (　　　)

5. 다음 그림을 보고 맞는 것을 연결하십시오.

1)  • —— • 뽀뽀

2)  • • 짜다

3)  • • 쓰다

4)  • • 까치

5)  • • 따오기

6. 다음을 잘 듣고 맞으면 ○ 표를, 틀리면 X 표를 하십시오.

1) 쏘다 (　　)	2) 빼다 (　　)
3) 따르다 (　　)	4) 까마귀 (　　)
5) 찌다 (　　)	6) 깨지다 (　　)

02

복습1

1. 다음을 읽고 쓰십시오.

다리미	다리미			
무지개				
커피				
베개				
토마토				
더위				
우표				
사과				
야유회				
세계				
차례				
교회				
의지				
찌다				
꼬마				
아빠				
메뚜기				
토끼				
싸우다				
따라가다				

2. 다음을 잘 듣고 쓰십시오.

1) ______________ 2) ______________

3) ______________ 4) ______________

5) ______________ 6) ______________

7) ______________ 8) ______________

9) ______________ 10) ______________

3. 다음을 잘 듣고 맞는 글자에 O 표를 하십시오.

1) 다 ( )	더 ( )	2) 도 ( )	드 ( )
3) 고 ( )	코 ( )	4) 꼬 ( )	오 ( )
5) 가위 ( )	거위 ( )	6) 대다 ( )	타다 ( )
7) 오리 ( )	요리 ( )	8) 우리 ( )	유리 ( )
9) 빠르다 ( )	바르다 ( )	10) 소다 ( )	쏘다 ( )

4. 다음 그림을 보고 맞는 것을 연결하십시오.

1) 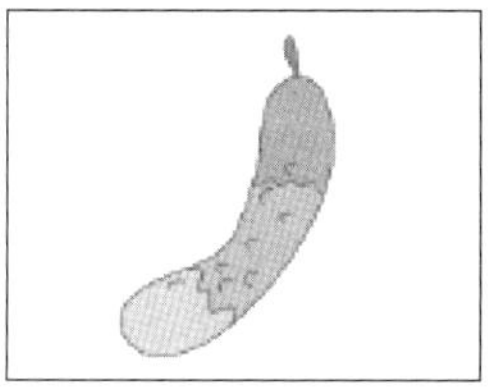

2) 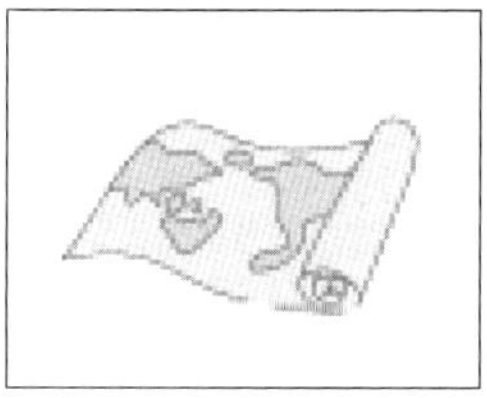

3) 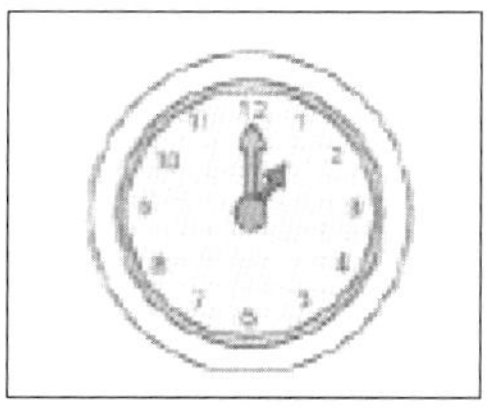

4) 

5) 

• 지도

• 시계

• 웨이터

• 오이

• 쓰다

5. 다음을 잘 듣고 맞으면 O 표를, 틀리면 X 표를 하십시오.

1) 두부 (　　)　　2) 묘기 (　　)

3) 허리 (　　)　　4) 예우 (　　)

5) 싸다 (　　)　　6) 깨우다 (　　)

6. 다음 자음으로 시작하는 단어를 쓰십시오.

1)

ㅇ	ㄱ	→	아	가

2)

ㅇ	ㅃ	→		

3)

ㅅ	ㄱ	→		

4)

ㅁ	ㄹ	→		

5)

ㅎ	ㅅ	→		

6)

ㄱ	ㅊ	→		

7)

ㅌ	ㄲ	→		

8)

ㅍ	ㄷ	→		

03 받침

1. 다음을 읽고 쓰십시오.

낙지	낙지			
식사				
장난				
언니				
친구				
바람				
이름				
겨울				
딸				
배꼽				
기업				
눈썹				
호랑이				
사진				
자동차				
하늘				
공책				
선풍기				
연못				
햇빛				

2. 다음을 잘 듣고 쓰십시오.

1) ______________ 2) ______________

3) ______________ 4) ______________

5) ______________ 6) ______________

7) ______________ 8) ______________

9) ______________ 10) ______________

3. 다음을 잘 듣고 맞는 글자에 O 표를 하십시오.

1) 옹 ( ) 봉 ( ) 2) 공 ( ) 콩 ( )

3) 낮 ( ) 납 ( ) 4) 닥 ( ) 닺 ( )

5) 만 ( ) 맘 ( ) 6) 밥 ( ) 박 ( )

7) 기업 ( ) 기억 ( ) 8) 시사 ( ) 식사 ( )

9) 차문 ( ) 창문 ( ) 10) 어른 ( ) 여름 ( )

4. 다음 그림과 맞는 것을 연결하십시오.

1) 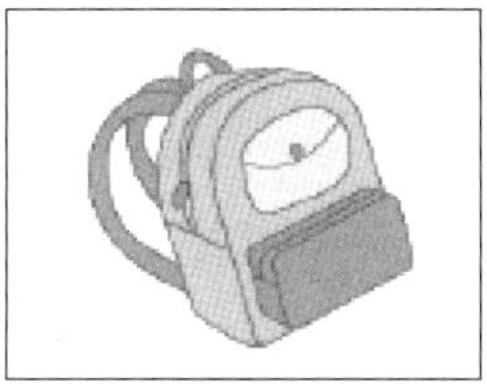

2) 

3) 

4) 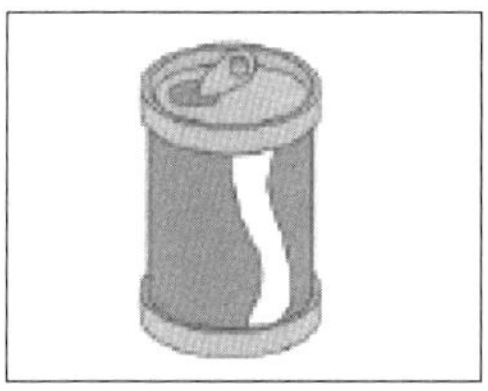

5) 

- 꽃
- 과일
- 음료수
- 가방
- 컵

5. 다음을 잘 듣고 맞으면 O 표를, 틀리면 X 표를 하십시오.

1) 책 (   )　　2) 엄마 (   )

3) 아들 (   )　　4) 팔 (   )

5) 연못 (   )　　6) 거울 (   )

03 복습2

1. 다음에서 '가~하'를 순서대로 연결해서 그림을 완성하십시오.

디 애

나 서 파

하

배 다 가 햐 타

야

라 너

시 카

마

거 차

먀 바 지

어 자

사 모 도

루

아

2. 다음 그림에 맞는 단어를 찾아서 O 표 하십시오.

이마 꽃 시다

잎 아이

우리 의사

싸다 타다 요리

발 사다

일 오리

웨이터 입

쓰기

타조 의자 달

다리 팔

짜다

우유 여기

3. 다음의 글자를 가지고 단어를 만드십시오.

김	파	치	오	과	의	이	까	사	일	리

1) 치과 2) ____________

3) ____________ 4) ____________

5) ____________ 6) ____________

7) ____________ 8) ____________

4. 다음 문장을 정확한 발음으로 읽으십시오.

1) 하늘에 달과 별이 떠 있어요.

2) 저는 비빔밥을 좋아합니다.

3) 우리나라는 남쪽에 있습니다.

4) 고구마와 감자는 칼로 깎아 먹어야 해요.

5) 자동차를 타고 가는 동안 나는 잠을 잤습니다.

6) 아빠가 출근하실 때 저는 아빠 볼에 뽀뽀를 합니다.

7) 나는 사슴을 좋아하고 동생은 사자를 좋아해요.

8) 바닷가에 가서 파도 소리를 듣고 싶어요.

쉬어가기

▲ 정답 찾아 삼만 리!

1번부터 출발합니다. 잘 듣고 따라가 보십시오.

▲1번

	왼쪽	오른쪽
1	구리	고리
2	일본	일번
3	공	콩
4	가지	가치

▲2번

	왼쪽	오른쪽
1	오이	아이
2	팔	발
3	달	딸
4	개다	깨다

▲3번

	왼쪽	오른쪽
1	부리	뿌리
2	소리	수리
3	살	쌀
4	운행	은행

▲4번

	왼쪽	오른쪽
1	미니	미리
2	밥	밖
3	거기	고기
4	성	상

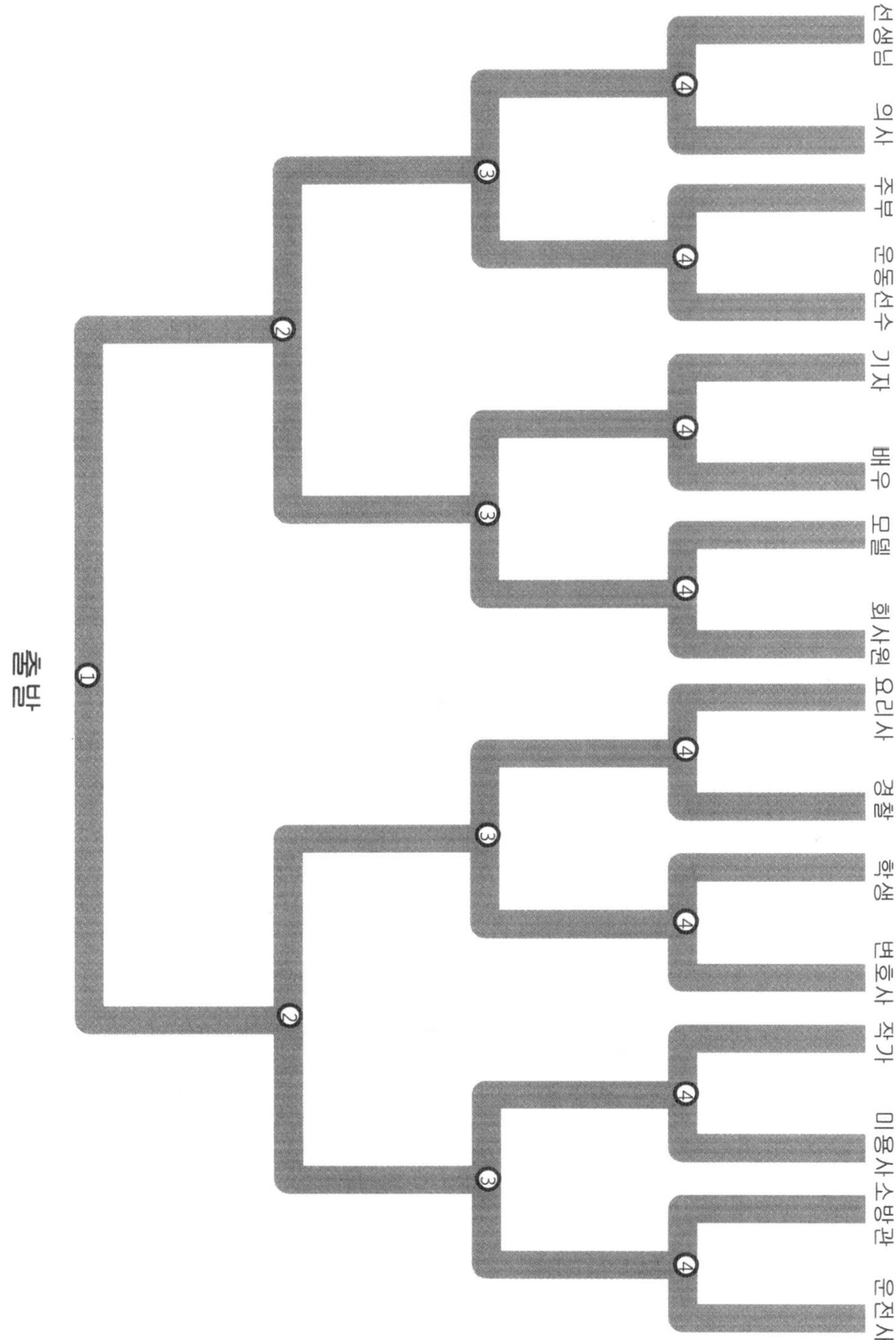

출발
선생님
의사
주부
운동선수
기자
배우
모델
회사원
요리사
경찰
학생
변호사
작가
미용사
소방관
운전사

| 매일 만나는 한국어 1 활용 |

2과 인사와 소개

01. 저는 말레이시아 사람입니다.

02. 이것은 사전입니다.

03. 가족이 몇 명입니까?

04. 여기는 한국어 교실입니다.

05. 복습

01 저는 말레이시아 사람입니다.

어휘

1. 다음 그림을 보고 알맞은 것을 골라 쓰십시오.

만나서 반갑습니다	안녕히 계십시오	죄송합니다	실례합니다	어서 오세요

1)

감사합니다.

2)

____________________.

3)

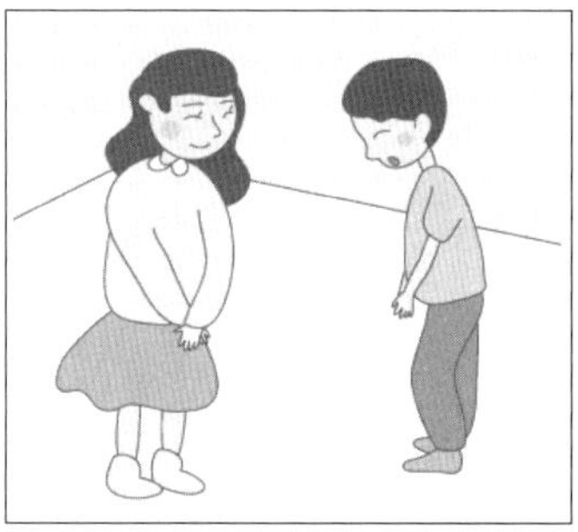

가 : 처음 뵙겠습니다.

나 : ____________________.

4)

가 : ____________________.

나 : 안녕히 가십시오.

5)

가 : ____________________.

나 : 안녕하세요.

6)

가 : ____________________.

나 : 들어오세요.

2. 다음 국기를 보고 나라 이름을 쓰십시오.

1)

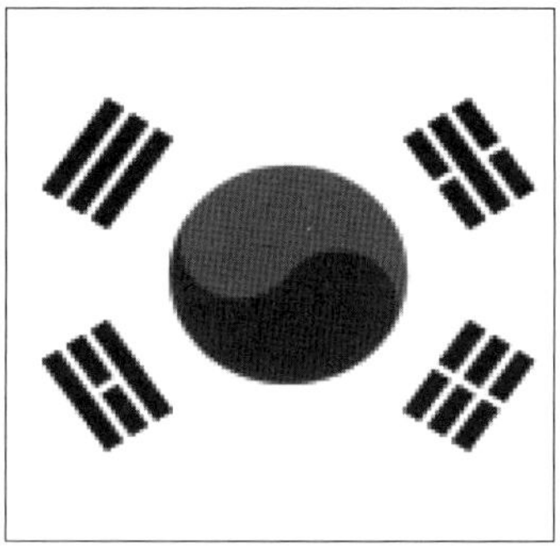

한국

2)

____

3)

____

4)

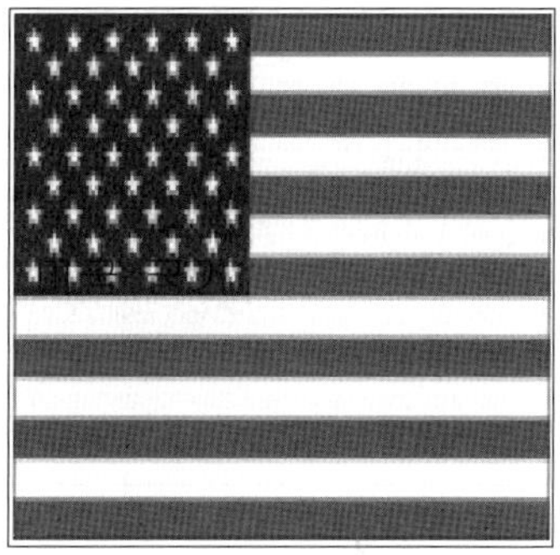

____

5)

____

6)

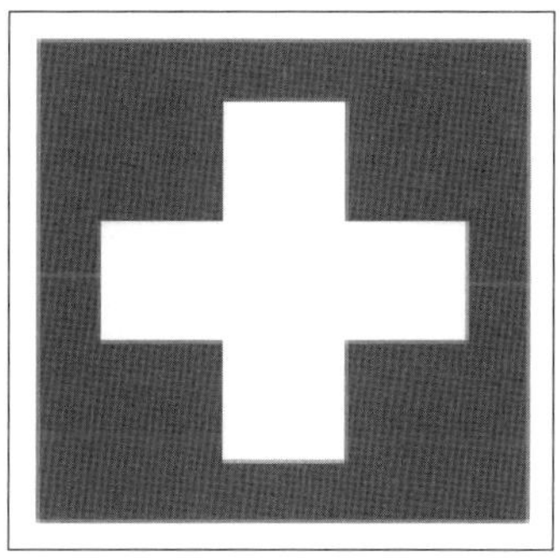

____

3. 어느 나라 사람입니까?

1) 

한국 사람

2) 

3) 

4) 

5) 

6) 

4. 다음 그림을 보고 알맞은 것을 연결하십시오.

1) 

• 경찰

2) 

• 가수

3) 

• 의사

4) 

• 기자

문법

▲ ~입니까?/~입니다.

1. 다음 그림을 보고 대화를 완성하십시오.

1)

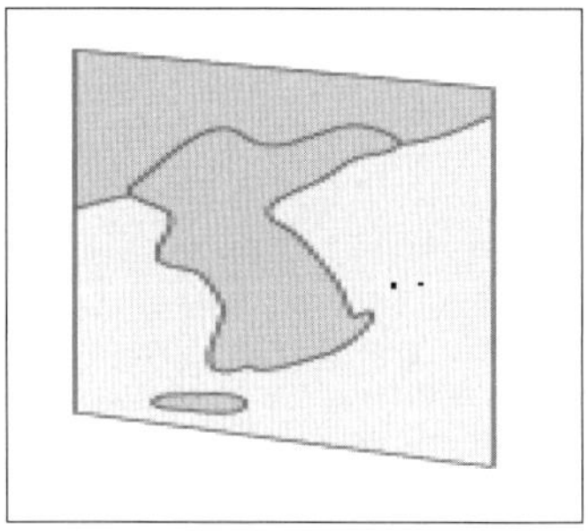

가 : 한국입니까?
나 : 네, <u>한국입니다</u>.

2)

가 : ____________________?
나 : 네, 건축가입니다.

3)

가 : ____________________?
나 : 네, ________________.

4)

가 : 경찰입니까?
나 : 아니요, ____________.

5)

가 : ____________________?
나 : ____________________.

6)

가 : ____________________?
나 : ____________________.

문법

▲ ~은/~는

1. 다음 밑줄 친 곳에 알맞은 말을 쓰십시오.

1) 사라 씨는 학생입니다.
2) 안톤_____ 기자입니까?
3) 저_____ 샤오핑입니다.
4) 마키노 씨_____ 어느 나라 사람입니까?
5) 왕몽_____ 중국 사람입니다.
6) 승하_____ 은행원입니다.
7) 제 동생______ 운동선수입니다.
8) 우리 학교_____ 충북대학교입니다.

2. 다음 단어를 사용하여 문장을 만드십시오.

1)

제임스	배우

제임스는 배우입니다.

2)

준코	가수

_________________________.

3)

엥흐마	학생

_________________________.

4)

	요리사

_________________________.

5)

팅란	

_________________________.

3. 다음 그림을 보고 대화를 완성하십시오.

1)

가 : 피카소 씨는 스페인 사람입니까?

나 : 네, 스페인 사람입니다.

가 : 기자입니까?

나 : 아니요 화가입니다.

2)

가 : 로띠 씨____________________?

나 : 아니요, 이탈리아 사람입니다.

가 : ________________________?

나 : 네, 건축가입니다.

3)

가 : 이사벨____________________?

나 : 네, ______________________.

가 : 한국어 선생님입니까?

나 : 아니요, ____________________.

4)

가 : ________________________?

나 : ________________________.

가 : ________________________?

나 : 네, ______________________.

5)

가 : ________________________?

나 : ________________________.

가 : ________________________?

나 : 아니요, ____________________.

02 이것은 사전입니다.

어휘

1. 다음 보기에서 그림에 맞는 것을 골라 쓰십시오.

컵	안경	가방	컴퓨터	볼펜	창문

1) 

<u>컴퓨터</u>

2) 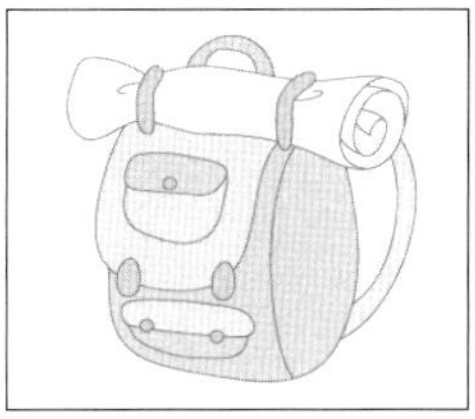

____

3) 

____

4) 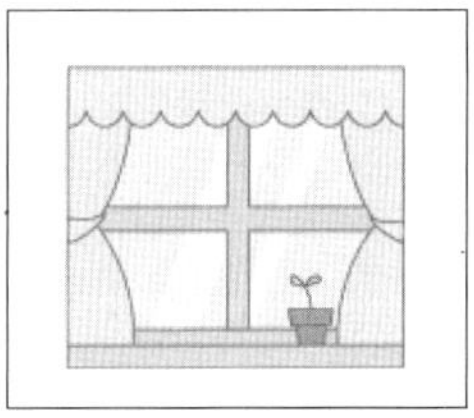

____

5) 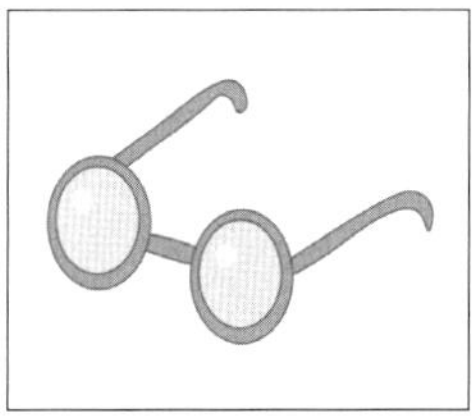

____

6) 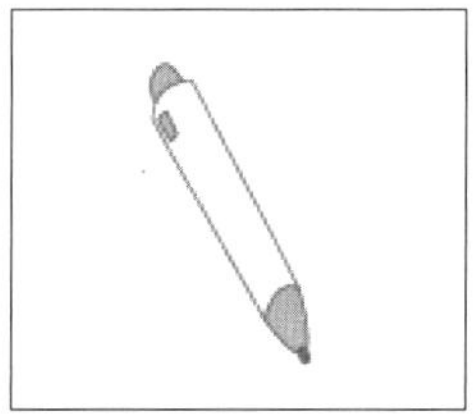

____

2. 교실에 무엇이 있는지 쓰십시오.

시계,

3. 다음 그림과 관계없는 것을 고르십시오.

1) 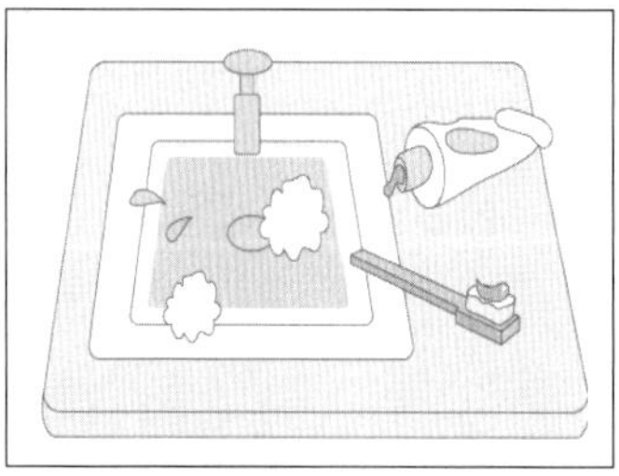

치약　　칫솔　　숟가락　　컵

2) 

칠판　　책상　　비누　　의자

3) 

시계　　휴지　　나무　　필통

4) 

수첩　　공책　　책　　선풍기

5) 

구두　　슬리퍼　　운동화　　양말

문법

▲ 이것/그것/저것

1. 다음 그림을 보고 대화를 완성하십시오.

1)

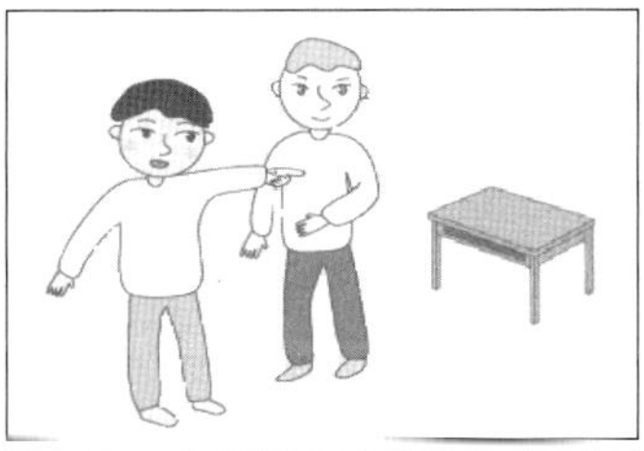

가 : 이것은 무엇입니까?

나 : 이것은 책상입니다.

2)

가 : 그것은 무엇입니까?

나 : ______________________.

3)

가 : 이것은 무엇입니까?

나 : ______________________.

4)

가 : 저것은 ______________________?

나 : ______________________.

5)

가 : ______________________?

나 : 이것은 ______________________.

2. 다음 그림을 보고 대화를 완성하십시오.

1) 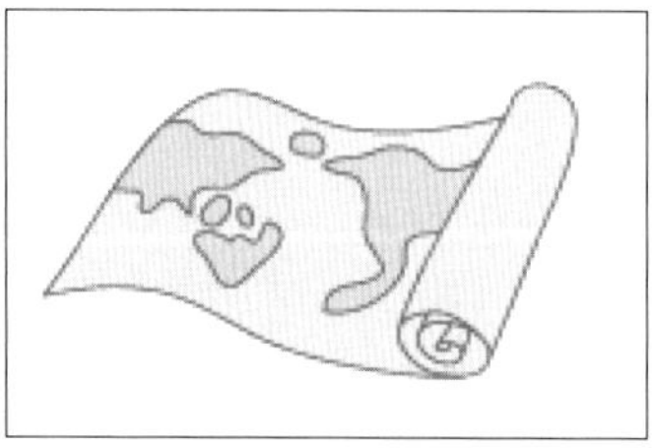

가 : 그것은 무엇입니까?

나 : <u>이것은 지도입니다</u>.

2) 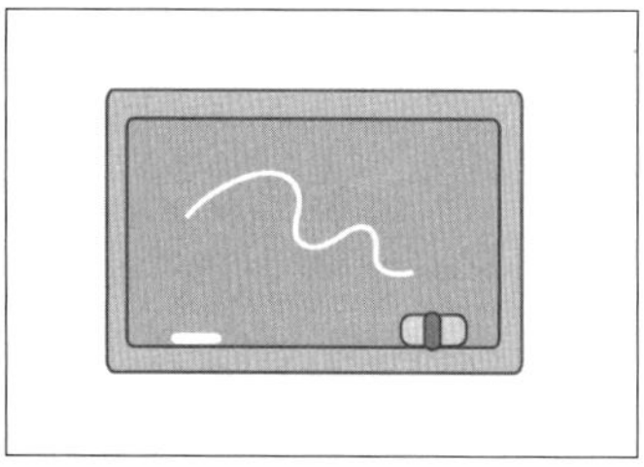

가 : 이것은 무엇입니까?

나 : ______________________________.

3) 

가 : 저것은 무엇입니까?

나 : 저것은 ______________________________.

4) 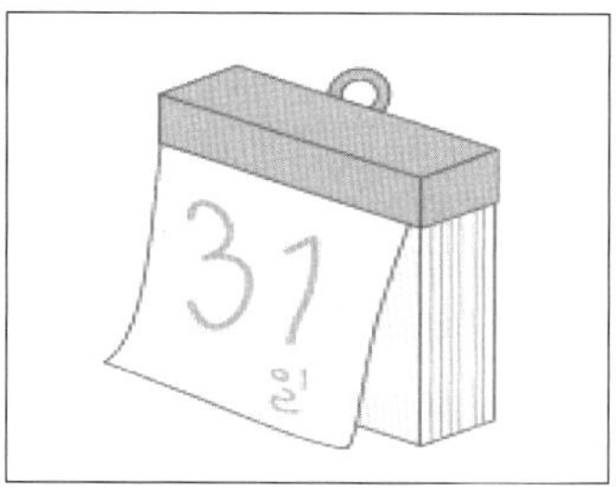

가 : ______________________________?

나 : 이것은 ______________________________.

5) 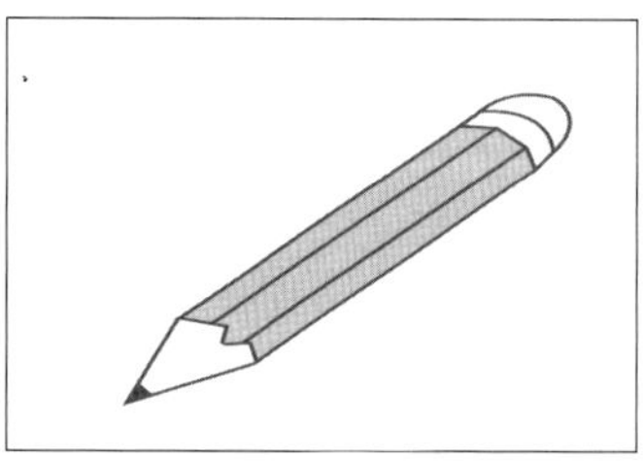

가 : ______________________________?

나 : ______________________________.

3. 다음 그림을 보고 대화를 완성하십시오.

1) 

가 : 그 사람은 한국 사람입니까?

나 : 네, 한국 사람입니다.

2) 

가 : 이 사람은 간호사입니까?

나 : ______________________.

3) 

가 : 저 사람은 누구입니까?

나 : 저 사람은 ______________________.

4) 

가 : ______________________?

나 : 그 사람은 ______________________.

5) 

가 : ______________________?

나 : ______________________.

문법

▲ ~이/~가 아닙니다.

1. 다음 밑줄 친 곳에 알맞은 말을 쓰십시오.

1) 이것은 연필이 아닙니다.
2) 그것은 우유____ 아닙니다.
3) 저 사람은 인도 사람____ 아닙니다.
4) 그 사람은 의사____ 아닙니다.
5) 이 사람은 은행원____ 아닙니다.

2. 다음 그림을 보고 대화를 완성하십시오.

1) 

가 : 책입니까?
나 : 아니요, 책이 아닙니다.

2) 

가 : 선생님입니까?
나 : 아니요, ________________.

3) 

가 : 저 사람은 요리사입니까?
나 : ________________________.

4) 

가 : ________________________?
나 : 그 사람은 ________________.

5) 

가 : ________________________?
나 : ________________________.

6) 

가 : ________________________?
나 : ________________________.

3. 다음 그림을 보고 쓰십시오.

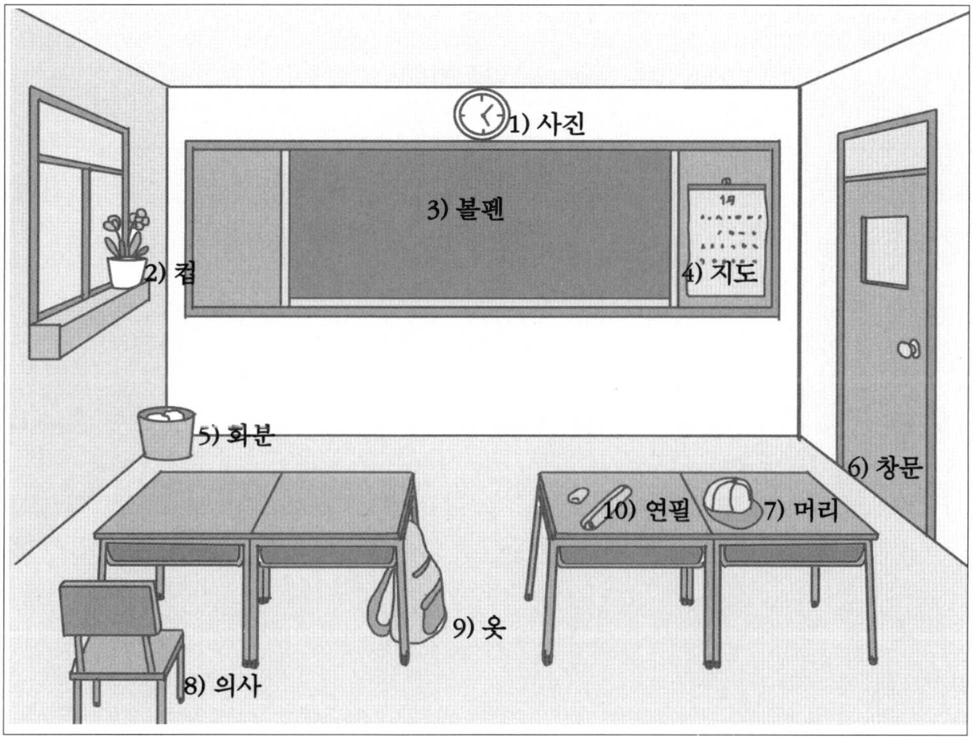

우리 반 교실입니다.

1) 그것은 사진이 아닙니다. 시계입니다.

2) ______________________________.

3) ______________________________.

4) ______________________________.

5) ______________________________.

6) ______________________________.

7) ______________________________.

8) ______________________________.

9) ______________________________.

10) ______________________________.

03 가족이 몇 명입니까?

어휘

1. 다음 숫자를 한국어로 쓰십시오.

1) 7 (일곱)　　2) 10 ( )

3) 14 ( )　　4) 45 ( )

5) 68 ( )　　6) 92 ( )

7) 2 ( )　　8) 20 ( )

9) 33 ( )　　10) 29 ( )

11) 81 ( )　　12) 96 ( )

13) 70 ( )　　14) 57 ( )

2. 다음 그림을 보고 대화를 완성하십시오.

1)

가 : 몇 명이 있습니까?

나 : 세 명이 있습니다.

2)

가 : 오빠가 몇 살입니까?

나 : ____________입니다.

3)

가 : 몇 사람이 있습니까?

나 : ____________이 있습니다.

2. 다음 빈칸에 알맞은 말을 쓰십시오.

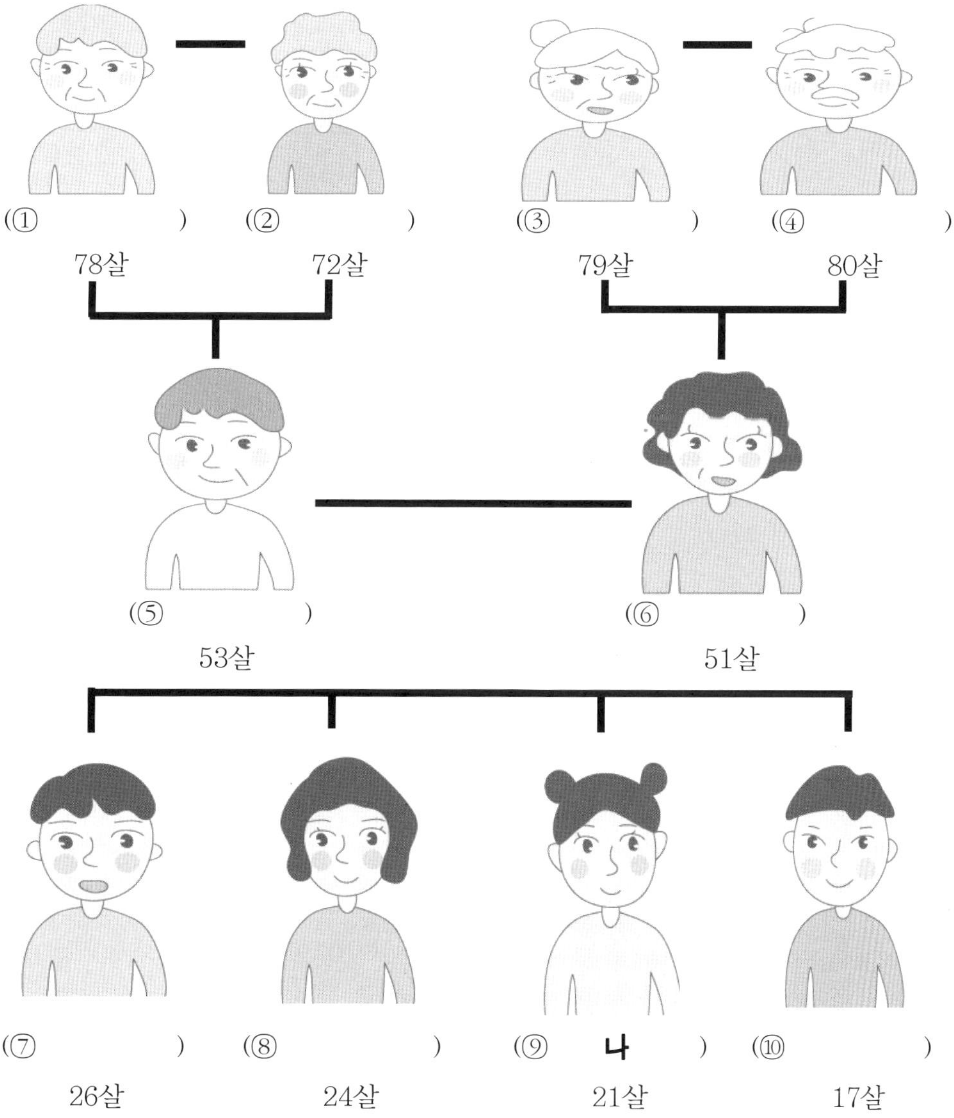

① ______________________　　② ______________________

③ ______________________　　④ ______________________

⑤ ______________________　　⑥ ______________________

⑦ ______________________　　⑧ ______________________

⑨ 나, 스물한 살　　⑩ ______________________

문법

▲ ~이/~가 있습니다, 없습니다.

1. 다음 밑줄 친 곳에 알맞은 말을 쓰십시오.

1) 안경이 있습니다.
2) 휴지______ 없습니다.
3) 문______ 있습니다.
4) 선풍기______ 있습니다.
5) 지갑______ 없습니다.
6) 필통______ 없습니다.

2. 다음 단어를 사용하여 문장을 만드십시오.

1) 컵 / 있습니다 → 컵이 있습니다.
2) 볼펜 / 있습니다 → ________________.
3) 책상 / 없습니다 → ________________.
4) 음료수 / 없습니다 → ________________.
5) 오빠 / 있습니다 → ________________.
6) 누나 / 있습니다 → ________________.
7) 남동생 / 없습니다 → ________________.

3. 다음 그림을 보고 문장을 만드십시오.

1) 어머니가 있습니다.
2) ________________.
3) ________________.
4) ________________.
5) 형이 없습니다.
6) ________________.
7) ________________.
8) ________________.

▲ ~하고

1. 다음 단어를 사용하여 문장을 만드십시오.

1) 선생님 / 학생 → 선생님하고 학생이 있습니다.

2) 볼펜 / 지우개 → ______________________.

3) 책상 / 의자 → ______________________.

4) 달력 / 지도 → ______________________.

5) 치약 / 칫솔 → ______________________.

6) 오빠 / 여동생 → ______________________.

7) 누나 / 형 → ______________________.

2. 다음 그림을 보고 대화를 완성하십시오.

1)

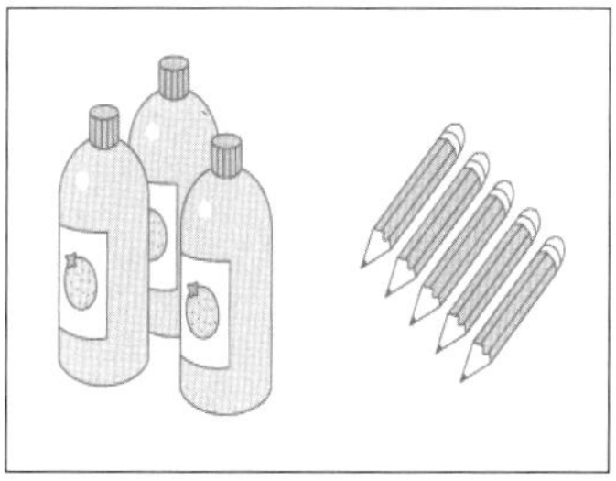

가 : 무엇이 있습니까?

나 : 음료수하고 연필이 있습니다.

2)

가 : 무엇이 있습니까?

나 : ______________ 있습니다.

3)

가 : 저 사람은 누구입니까?

나 : ______________________.

4)

가 : 누가 있습니까?

나 : ______________________.

5) 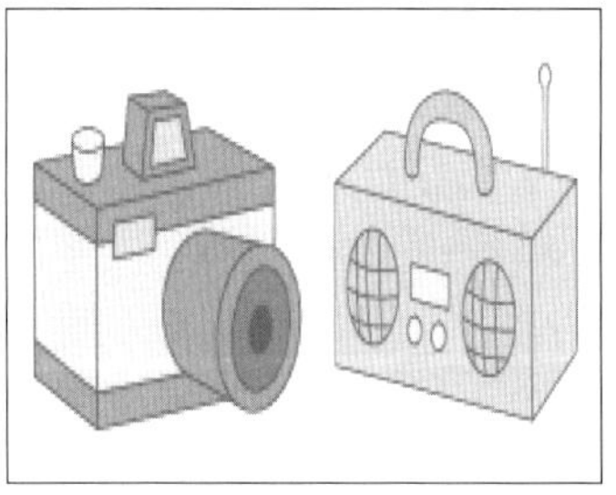

가 : 컴퓨터하고 사진이 있습니까?

나 : 아니요, ___________ 없습니다.

___________________ 있습니다.

6) 

가 : 호랑이하고 강아지입니까?

나 : 아니요, _________ 아닙니다.

_______________________.

3. 다음 물음에 대답을 쓰고 말하십시오.

내 방에 무엇이 있습니까?	• •
친구 가방에 무엇이 있습니까?	• •
친구 책상에 무엇이 있습니까?	• •
친구 필통에 무엇이 있습니까?	• •
우리 교실에 무엇이 없습니까?	• •

04 여기는 한국어 교실입니다.

어휘

1. 다음 그림을 보고 이 사람이 어디에 있는지 장소를 쓰십시오.

1) 

사무실

2) 

____

3) 

____

4) 

____

5) 

____

6) 

____

2. 관계있는 단어끼리 연결하십시오.

1) 칠판, 책상 •	• 욕실
2) 비누, 치약 •	• 부엌
3) 침대, 이불 •	• 거실
4) 소파, 텔레비전 •	• 방
5) 프라이팬, 냄비 •	• 교실

3. 다음 장소에 무엇이 있는지 쓰십시오.

1)

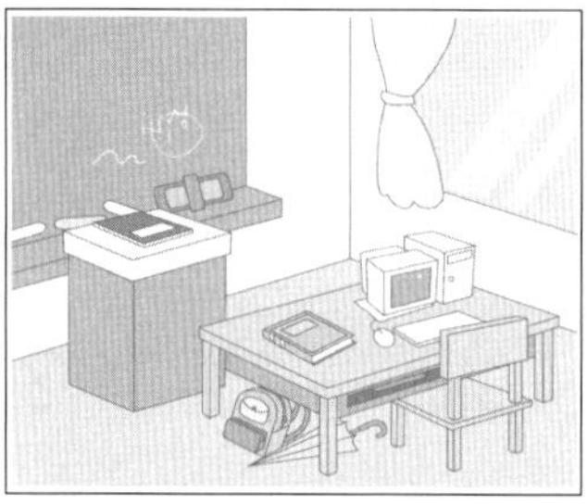

가방, 책상, 의자, 칠판, 연필, 컴퓨터, 창문

2)

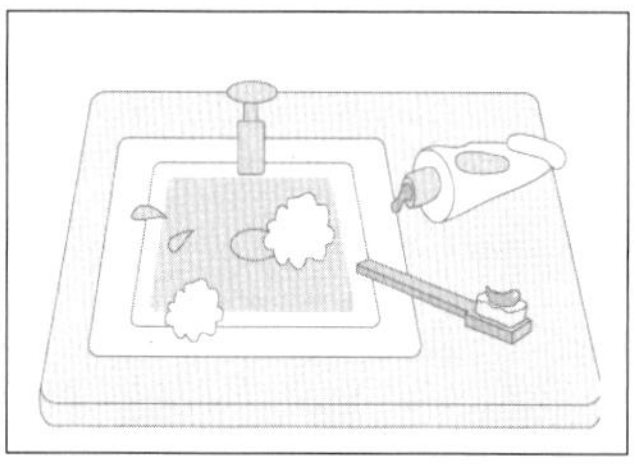

____

3)

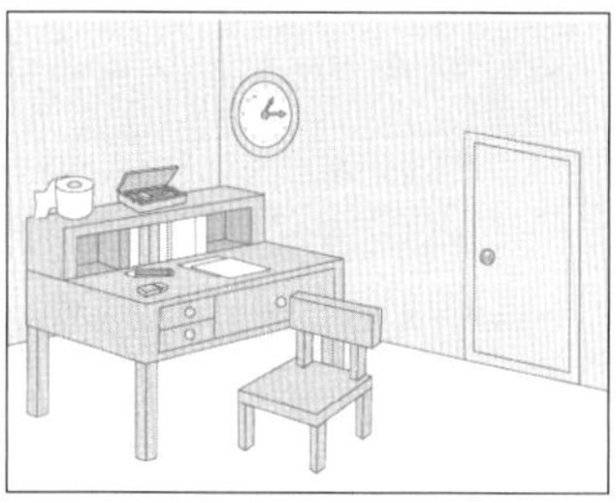

____

4)

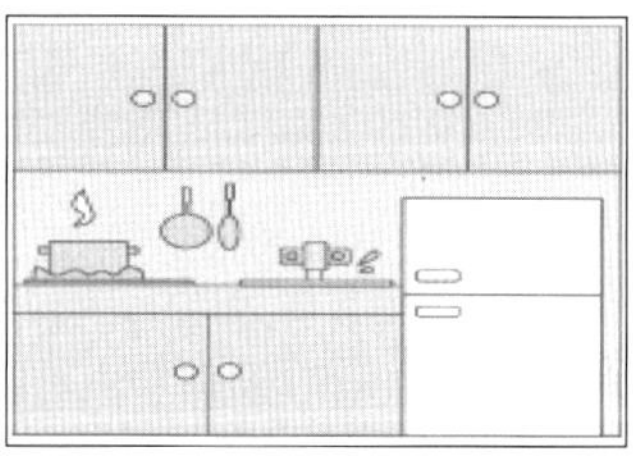

____

문법

▲ ~의

1. 다음 그림을 보고 문장을 만드십시오.

1) 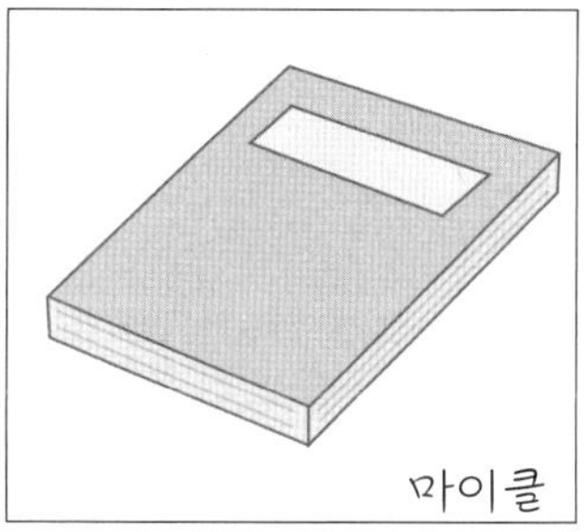

마이클의 책입니다.

2) 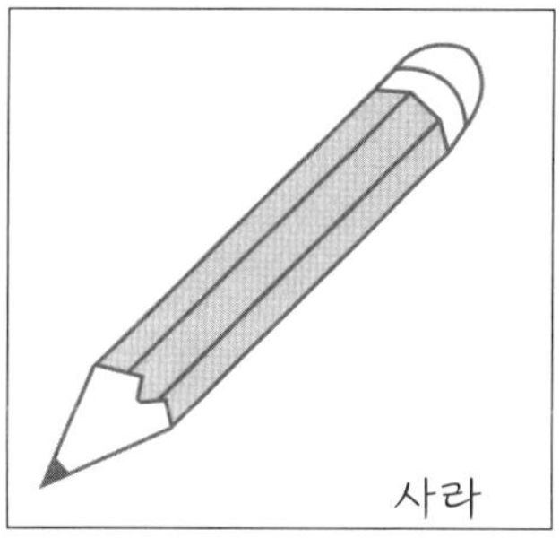

____

3) 

____

4) 

____

5) 

____

6) 

____

2. 다음은 승훈 씨의 가족사진입니다. 잘 보고 대화를 완성하십시오.

미나 : 승훈 씨의 가족은 몇 명입니까?

승훈 : 모두 다섯 명입니다.

미나 : 아버지________________________?

승훈 : 선생님입니다.

미나 : 이 남자는 동생입니까?

승훈 : 네, 동생입니다.

미나 : ________________________?

승훈 : 18살입니다.

미나 : ________________________?

승훈 : 김지훈입니다.

미나 : 이 여자는 누구입니까?

승훈 : __________ 여동생입니다.

미나 : 이 자전거는 ________________?

승훈 : 아니요, 여동생의 자전거가 아닙니다.

남동생________________________.

▲ ~도

1. 다음 그림을 보고 쓰십시오.

1) 

형은 운동선수입니다.
동생도 운동선수입니다.

2) 

사라는 학생입니다.

______________________.

3) 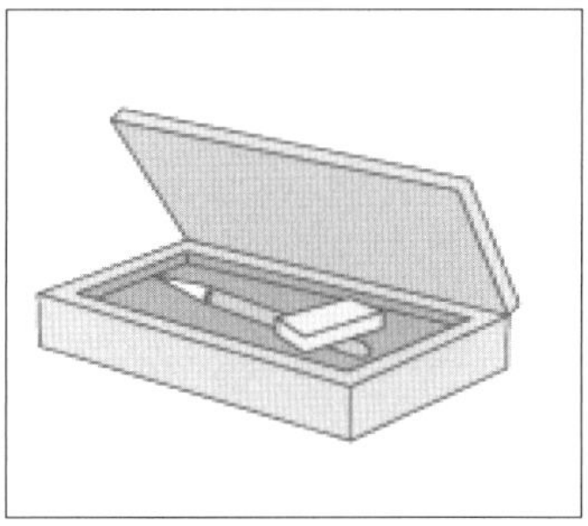

연필이 있습니다.

______________________.

4) 

사자가 있습니다.

______________________.

악어는 없습니다.

2. 다음 그림을 보고 무엇이 있는지 쓰십시오.

제 방입니다.

제 방에는 책상하고 침대하고 피아노가 있습니다.

창문하고 커튼도 있습니다.

05 복습

어휘

다음 그림을 보고 낱말 퍼즐을 완성하십시오.

〈가로〉

①

②

③
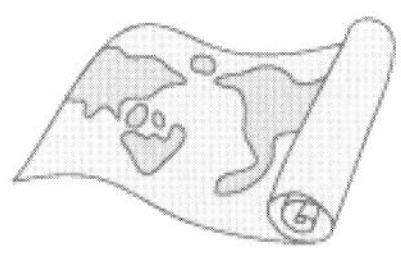
④

⑤
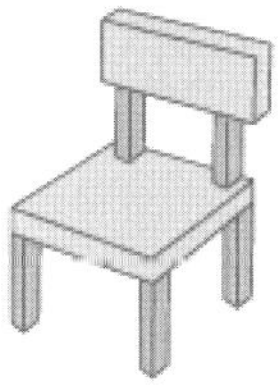
⑥

〈세로〉

㉠

㉡

㉢

㉣

㉤

㉥

㉦

	㉠ 거			①/㉡가	방
②/㉢	실				
		㉤			㉥
	③/㉣				
				④	
			⑤/㉦		
	⑥				

어휘/문법

다음 그림을 보고 괄호 안에 알맞은 것을 고르십시오.

1.

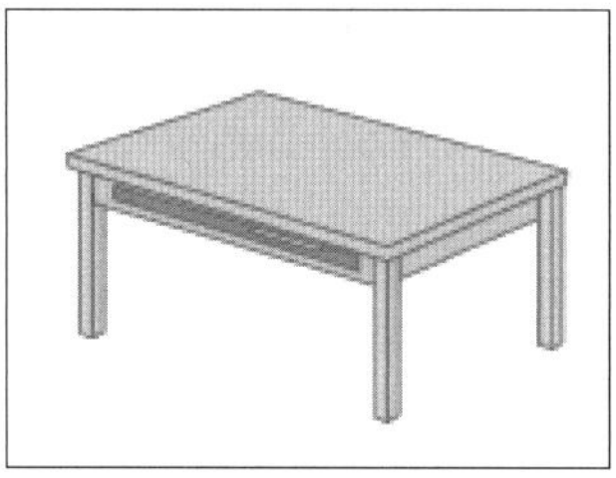

가 : 이것은 무엇입니까?
나 : (　　　　　)입니다.
① 의자　② 책상　③ 시계　④ 연필

2.

가 : 이 사람의 직업은 무엇입니까?
나 : (　　　　　)입니다.
① 의사　② 교사　③ 요리사　④ 간호사

3.

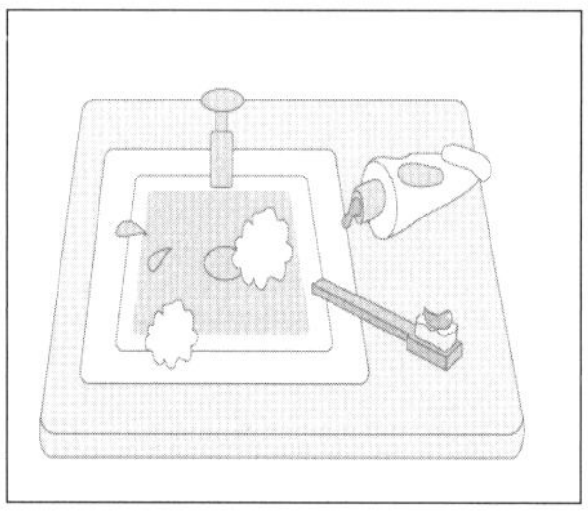

가 : 여기는 어디입니까?
나 : (　　　　　)입니다.
① 교실　② 거실　③ 욕실　④ 사무실

다음 보기에서 괄호 안에 알맞은 것을 고르십시오.

무엇	어느	누구	어디

4. 이 사람은 (　　　　　)입니까?
5. 왕몽 씨는 (　　　　　) 나라 사람입니까?
6. 여기는 (　　　　　)입니까?
7. 그것은 (　　　　　)입니까?

다음 그림을 보고 괄호 안에 알맞은 것을 고르십시오.

8. 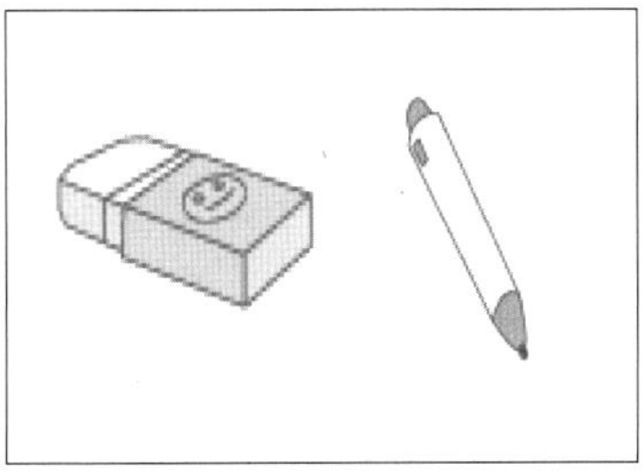

지우개(　　　) 볼펜이 있습니다.

① 하고　　② 이　　③ 는　　④ 의

9. 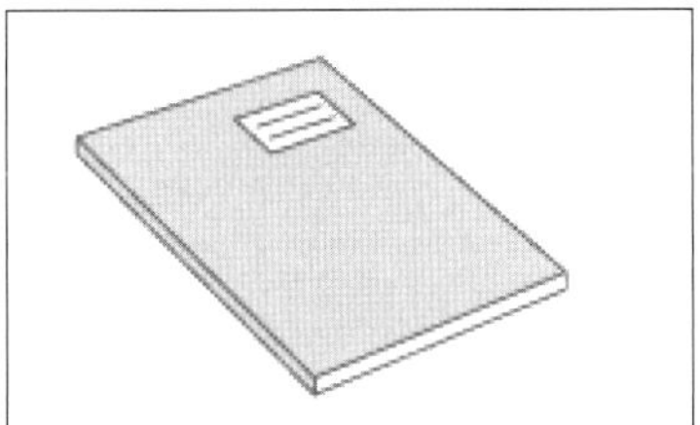

팅란 씨(　　　) 공책입니다.

① 가　　② 의　　③ 는　　④ 하고

10. 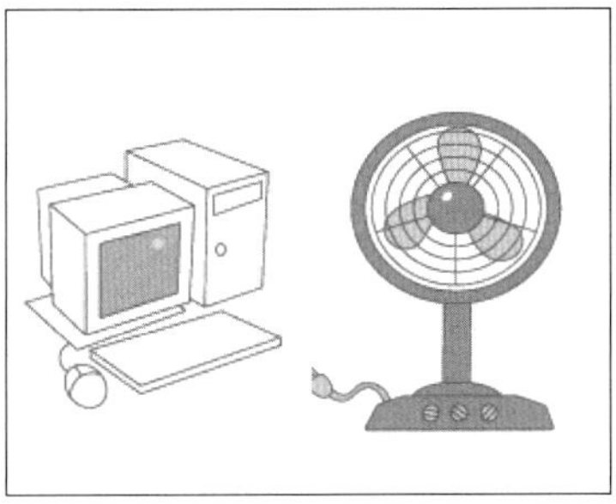

컴퓨터가 있습니다. 선풍기(　　　) 있습니다.

① 을　　② 를　　③ 와　　④ 도

쓰기

다음을 읽고 밑줄 친 곳에 알맞은 것을 고르십시오.

1. 가 : 안녕하세요? 처음 뵙겠습니다.
   나 : 안녕하세요? ______________________.
   ① 어서 오세요 ② 실례합니다 ③ 괜찮습니다 ④ 만나서 반갑습니다

2. 가 : 안녕히 가세요.
   나 : ______________________.
   ① 안녕히 주무세요 ② 안녕히 계세요 ③ 실례합니다 ④ 고맙습니다

3. 가 : 그 안경은 동생의 안경입니까?
   나 : ______________________.
   ① 네, 동생의 안경입니다 ② 아니요, 동생의 안경입니다
   ③ 네, 동생의 안경이 아닙니다 ④ 아니요, 동생이 아닙니다

4. 가 : 방에 컴퓨터가 있습니까?
   나 : 네, 있습니다.
   가 : 텔레비전도 있습니까?
   나 : ______________________.
   ① 네, 텔레비전이 없습니다 ② 아니요, 텔레비전도 있습니다
   ③ 네, 텔레비전도 있습니다 ④ 아니요, 텔레비전도 없습니다

5. 다음 그림을 보고 글을 완성하십시오.

안녕하십니까? 저는 샤오핑입니다.
저는 ______________________
여기는 ______________________
칠판______________________
지도______________________
교실에 학생이 있습니다.
학생이 ______________________
선생님은 ______________________

듣기

다음을 듣고 물음에 답하십시오.

1. 미나 씨의 가족은 모두 몇 명입니까? (   )

2. 잘 듣고 맞으면 O 표를, 틀리면 X 표를 하십시오.

1) 미나 씨는 오빠가 있습니다.   (   )
2) 미나 씨는 동생이 있습니다.   (   )
3) 미나 씨의 언니는 학생입니다. (   )

3. 미나 씨 가족의 나이를 쓰십시오.

1) (언니 / 오빠) ________________________

2) (여동생 / 남동생) ________________________

읽기

다음 글을 읽고 물음에 답하십시오.

사라 : 안톤 씨, 이것은 무엇입니까?
안톤 : 가족사진입니다.
사라 : 안톤 씨의 가족은 몇 명입니까?
안톤 : 다섯 명입니다.
사라 : 형이 있습니까?
안톤 : 네, 형이 있습니다.
사라 : 누나도 있습니까?
안톤 : 아니요, 누나는 없습니다. 여동생이 있습니다.

1. 안톤 씨의 가족은 몇 명입니까?
① 3명 ② 4명 ③ 5명 ④ 6명

2. 글의 내용과 같은 것을 고르십시오.
① 사라 씨의 가족사진입니다.
② 안톤 씨는 형이 있습니다.
③ 사라 씨는 여동생이 있습니다.
④ 안톤 씨는 누나가 있습니다.

다음 글을 읽고 물음에 답하십시오.

여기는 우리 교실입니다. 우리 교실에는 선생님하고 학생들이 있습니다. 교실에는 칠판하고 책상하고 의자하고 지도하고 시계하고 컴퓨터가 있습니다. 에어컨도 있습니다. 우리 반에는 중국 사람하고 몽골 사람하고 일본 사람하고 한국 사람이 있습니다. 선생님은 한국 사람입니다. 여자입니다. 하루키 씨는 일본 사람입니다. 남자입니다. 바트 씨는 일본 사람이 아닙니다. 바트 씨는 몽골 사람입니다. 남자입니다. 양양 씨는 중국 사람입니다. 여자입니다.

3. 우리 교실에 무엇이 없습니까?
① 시계 ② 지도 ③ 컴퓨터 ④ 선풍기

4. 글의 내용과 같은 것을 고르십시오.
① 하루키 씨는 여자입니다.
② 바트 씨는 일본 사람입니다.
③ 교실에 중국 사람은 없습니다.
④ 선생님은 중국 사람이 아닙니다.

말하기

1. 다음 그림을 보고 무엇이 있는지 말해 봅시다.

쉬어가기

▲ 길게 말해요!

• 게임 방법

1) 첫 번째에 앉은 학생이 한 문장을 말한다.
   예) 교실에 책상이 있습니다.
2) 다음 학생은 앞 학생이 말한 것에 새로운 것을 더해서 말한다.
   예) 교실에 책상하고 의자가 있습니다.
3) 그 다음 학생은 같은 방법으로 이어서 말한다.
   예) 교실에 책상하고 의자하고 칠판이 있습니다.
4) 계속 이어 나가면서 말한다. 앞의 것을 기억하지 못하거나 순서가 틀리면 안 된다.

| 매일 만나는 한국어 1 활용 |

3과 학교

01. 교실에 무엇이 있습니까?

02. 충북대학교에서 한국어를 배웁니다.

03. 기숙사에서 살지 않습니다.

04. 개신문화관 지하 1층으로 가세요.

05. 복습

01 교실에 무엇이 있습니까?

어휘

1. 다음 그림을 보고 맞는 것을 연결하십시오.

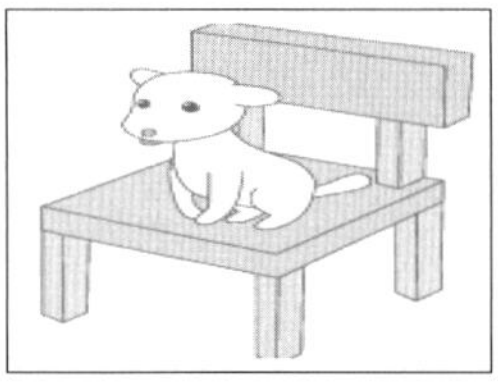	아래
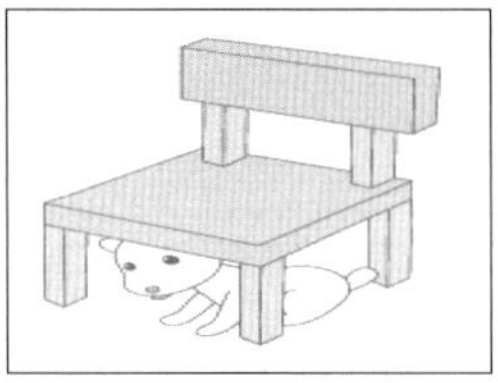	위
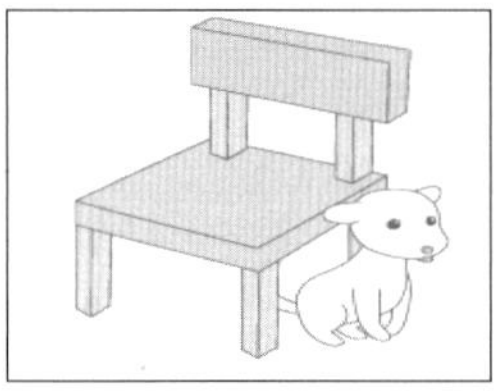	앞
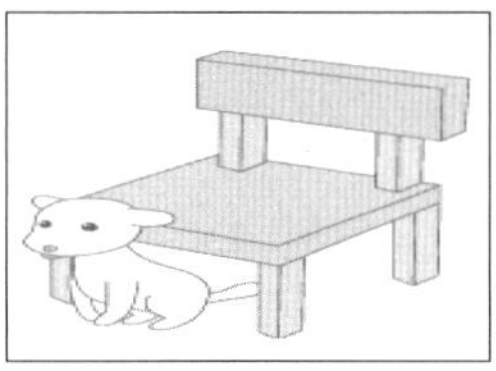	옆
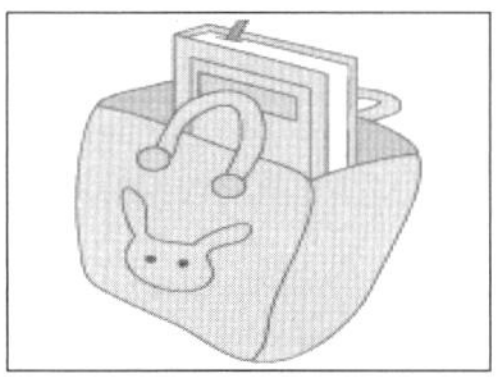	안
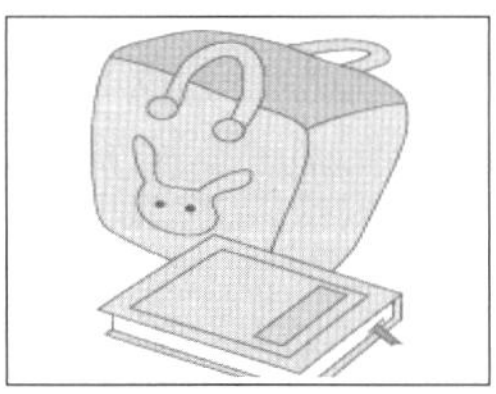	밖

2. 다음 그림을 보고 밑줄 친 곳에 알맞은 말을 쓰십시오.

1) 소파 위에 양말이 있습니다.
2) 탁자 ________에 커피와 주스가 있습니다.
3) 탁자하고 옷걸이 ________에 신발이 있습니다.
4) 탁자 ________에 휴지통이 있습니다.
5) 가방 ________에 컴퓨터가 있습니다.
6) 가방 ________에 책이 있습니다.

3. 다음 표를 읽고 답하십시오.

1	선생님 옆에 무엇이 있습니까?	
2	내 책상 밑에 무엇이 있습니까?	
3	내 책상 위에 무엇이 있습니까?	
4	친구 가방 안에 무엇이 있습니까?	
5	교실 밖에 무엇이 있습니까?	

문법

▲ ~에 있습니다. / 없습니다.

1. 다음 그림을 보고 밑줄 친 곳에 알맞은 말을 쓰십시오.

1)

집에 사람이 있습니다.

2)

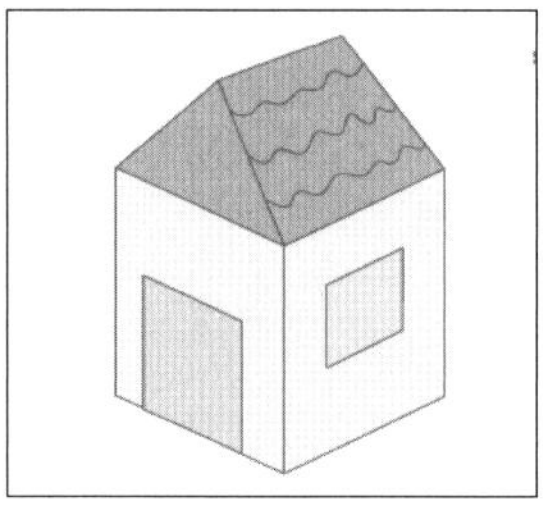

사람이 ______________________.

3)

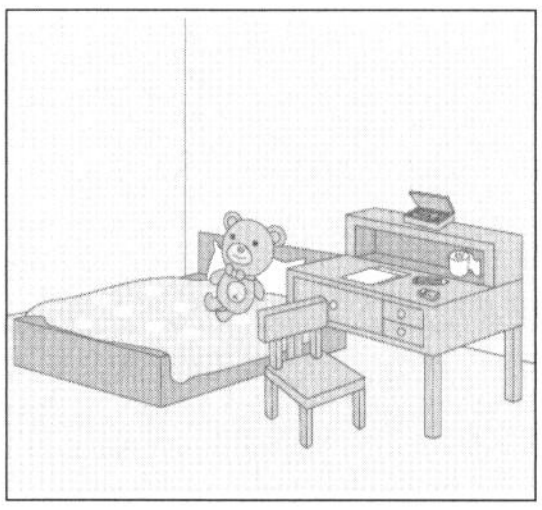

방에 ______________________.

4)

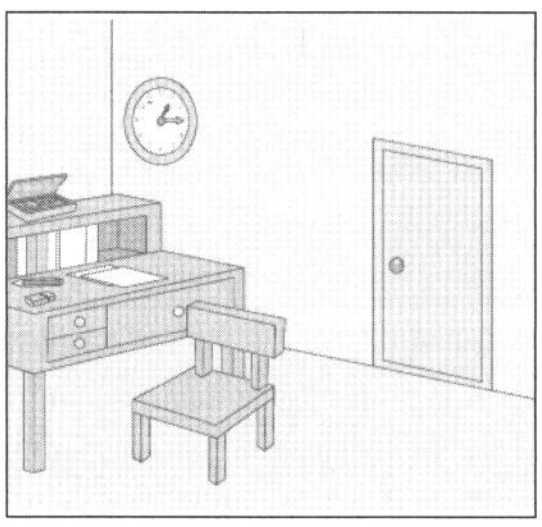

______________________.

2. 다음 그림을 보고 밑줄 친 곳에 알맞은 말을 쓰십시오.

1) 영희가 문 뒤에 있습니다.

2) ______________________________.

3) ______________________________.

4) ______________________________.

5) ______________________________.

3. 여러분은 무엇이 있고 무엇이 없는지 보기에서 단어를 골라서 쓰십시오.

1) 책상 위에 책하고 컴퓨터가 있습니다.
   책상 위에 책장하고 전화가 없습니다.

책, 책장, 컴퓨터, 전화

2) 침대 ______________________.
   침대 ______________________.

베개, 인형, 옷, 이불

3) 욕실 ______________________.
   욕실 ______________________.

치약, 비누, 화장품, 컵

4) 부엌 ______________________.
   부엌 ______________________.

식탁, 숟가락, 커피, 포크

▲ ~와/~과

1. 다음을 연결하고 문장을 만드십시오.

1) 화장실 •	• 복사기 / 종이
2) 복사실 •	• 책 / 사전
3) 서재 •	• 비누 / 휴지
4) 거실 •	• 소파 / 텔레비전
5) 부엌 •	• 그릇 / 전기밥솥

1) 화장실에 비누와 휴지가 있습니다.

2) ______________________.

3) ______________________.

4) ______________________.

5) ______________________.

2. 다음 두 그림이 무엇이 다른지 쓰십시오.

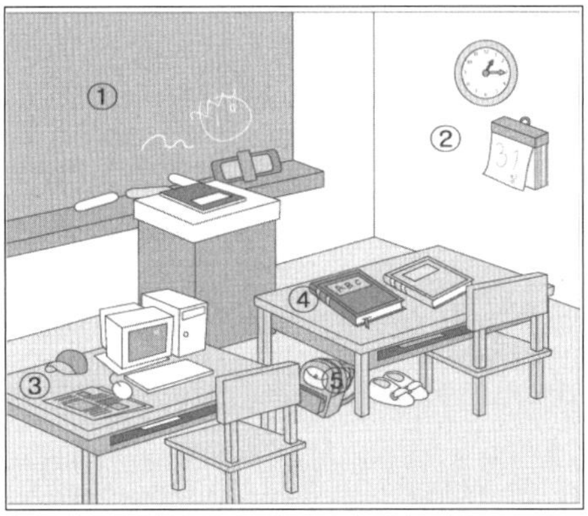

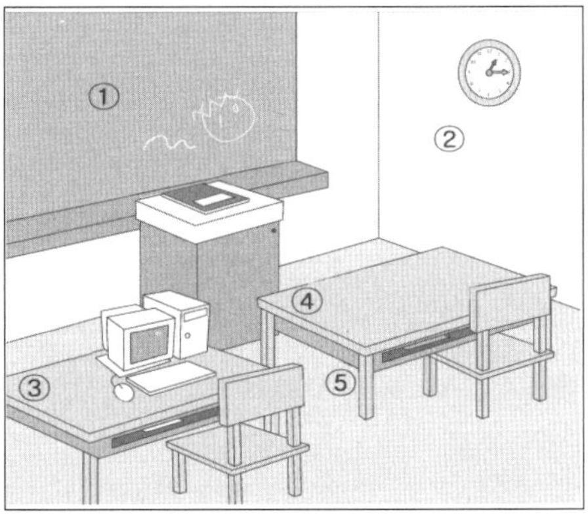

1) 칠판 앞에 지우개와 분필이 있습니다. 칠판 앞에 지우개와 분필이 없습니다.

2) ______________________. ______________________.

3) ______________________. ______________________.

4) ______________________. ______________________.

5) ______________________. ______________________.

02 충북대학교에서 한국어를 배웁니다.

어휘

1. 그림을 보고 빈칸에 알맞은 말을 쓰십시오.

가다				

2. 다음 빈칸을 채우고 대화를 완성하십시오.

편[의]점	[ ]구점	[ ]숙사	안[ ]점	도[ ]관

[ ]용실	체[ ][ ]	[ ]체국	[ ][ ]숍	경[ ]서

1) 가 : 음료수가 어디에 있습니까?
   나 : 편의점에 있습니다.

2) 가 : 안경이 어디에 있습니까?
   나 : ________________________________.

3) 가 : 미용사가 어디에 있습니까?
   나 : ________________________________.

4) 가 : 경찰이 어디에 있습니까?
   나 : ________________________________.

5) 가 : 볼펜과 공책이 어디에 있습니까?
   나 : ________________________________.

6) 가 : 운동화가 어디에 있습니까?
   나 : ________________________________.

7) 가 : 친구들이 어디에 갑니까?
   나 : ________________________________.

8) 가 : ________________________________?
   나 : ________________________________.

문법

▲ ~을/~를

1. 다음 밑줄 친 곳에 알맞은 말을 쓰십시오.

1) 나는 책을 읽습니다.
2) 미나는 주스______ 마십니다.
3) 어머니가 텔레비전______ 봅니다.
4) 동생이 과일______ 씻습니다.
5) 선생님이 한국어______ 가르칩니다.

2. 다음 밑줄 친 곳에 알맞은 말을 보기에서 골라 쓰십시오.

과	를	와	가	을	는	의	도

1) 교실에 컴퓨터가 있습니다.
2) 영희 씨가 영화______ 봅니다.
3) 이것은 나타샤 씨______ 책입니다.
4) 여동생이 있습니다. 남동생______ 있습니다.
5) 가방 안에 필통______ 책이 있습니다.
6) 저_____ 팅란입니다.
7) 사라 씨는 지우개________ 사전________ 삽니다. 연필_____ 삽니다.

▲ -습/ㅂ니다, -습/ㅂ니까?

1. 다음 표를 완성하십시오.

기본형	-습/ㅂ니다	-습/ㅂ니까?	기본형	-습/ㅂ니다	-습/ㅂ니까?
가다	갑니다	갑니까?	쓰다		
먹다			자다		
배우다			닫다		
가르치다			읽다		
일어나다			앉다		
공부하다			만나다		
좋다			많다		
크다			적다		
작다			예쁘다		
나쁘다			재미있다		

2. 다음 문장을 완성하십시오.

1) 지연 씨는 한국어 선생님입니다. 한국어를 가르칩니다.
2) 오늘이 친구의 생일입니다. 선물을 ________________.
3) 점심시간입니다. 밥을 ________________.
4) 오늘 날씨가 ________________.
5) 제 여자 친구가 ________________.
6) 가 : 무엇을 ________________?
   나 : 한국어를 공부합니다.
7) 가 : 누구를 ________________?
   나 : 친구를 만납니다.
8) 가 : 한국어 수업이 ________________?
   나 : 네, 재미있습니다.
9) 가 : 교실에 일본 사람이 ________________?
   나 : 아니요, ________________.
10) 가 : 한국 음식이 맛있습니까?
   나 : ________________.

3. 다음 대화를 완성하십시오.

1) 가 : 어디에 갑니까?
나 : 도서관에 갑니다.

2) 가 : 미아 씨는 동물원에서 무엇을 봅니까?
나 : ______________________________.

3) 가 : 선생님은 무엇을 가르치십니까?
나 : ______________________________.

4) 가 : 밍밍 씨는 문구점에서 무엇을 삽니까?
나 : ______________________________.

5) 가 : 지혜 씨는 ______________________________?
나 : 영어 책을 읽습니다.

6) 가 : 아노트 씨는 식당에서 무엇을 ____________________?
나 : ______________________________.

7) 가 : 수지 씨는 무슨 운동을 합니까?
나 : ______________________________.

8) 가 : 철수 씨는 무슨 음악을 ____________________?
나 : ______________________________.

9) 가 : 어머니는 무엇을 ______________________________?
나 : ______________________________.

▲ ~에서

1. 다음 그림을 보고 대화를 완성하십시오.

1)

가 : 어디에서 무엇을 합니까?
나 : 공원에서 책을 읽습니다.

2)

가 : 어디에서 무엇을 합니까?
나 : ______________________.

3)

가 : 어디에서 옷을 삽니까?
나 : ______________________.

4)

가 : ______________________?
나 : ______________________.

2. 다음 단어들을 연결하고 문장을 만드십시오.

1) 서점 •	• 한국어 •	• 사다	→ 서점에서 책을 삽니다.
2) 학교 •	• 음식 •	• 타다	→ ______________________.
3) 식당 •	• 책 •	• 먹다	→ ______________________.
4) 은행 •	• 비행기 •	• 배우다	→ ______________________.
5) 공항 •	• 돈 •	• 찾다	→ ______________________.

3. 다음 대화를 완성하십시오.

1) 가 : 지금 무엇을 합니까?
   나 : <u>도서관에서 공부를 합니다</u>.

2) 가 : 샤오밍 씨는 ________________________________?
   나 : 학교에 있습니다. ______________ 공부를 합니다.

3) 가 : 아이코 씨는 방 안에 있습니까?
   나 : 아니요, 거실__________________. ______________ TV를 봅니다.

4) 가 : ________________________________?
   나 : 식당에 있습니다.
   가 : ________________________________?
   나 : ________________________________.

4. 다음 표를 완성하십시오.

	장소	무엇을 합니까?
나	도서관	도서관에서 책을 읽습니다.
친구		

5. 다음을 읽고 알맞은 단어를 고르십시오.

1) 왕기 씨가 (학교에서 / 학교에) 공부를 합니다.
2) 제임스 씨가 (집에서 / 집에) 있습니다.
3) 동건 씨가 (식당에 / 식당에서) 밥을 먹습니다.
4) 달라이 씨가 (극장에 / 극장에서) 영화를 봅니다.
5) 영희 씨가 (도서관에 / 도서관에서) 없습니다.

03 기숙사에서 살지 않습니다.

어휘

1. 다음 그림을 보고 문장을 완성하십시오.

1)

준석 씨가 문을 닫습니다.

2)

민기 씨가 사무실에 ______________________.

3)

수지 씨가 의자에 ______________________.

4)

아노트 씨가 불을 ______________________.

5)

아노트 씨가 불을 ______________________.

2. 밑줄 친 곳에 알맞은 것을 보기에서 골라 쓰십시오.

일어나다	들어가다	주다	기다리다	배우다
찍다	사다	듣다	청소하다	일하다

1) 결혼을 합니다. 사진을 찍습니다.

2) 시장에 갑니다. 채소를 ____________________.

3) 수업을 시작합니다. 교실에 ____________________.

4) 친구의 생일입니다. 생일 선물을 ____________________.

5) 시내에서 친구를 만납니다. 정류장에서 버스를 ____________.

6) 아침 7시입니다. 침대에서 ____________________.

7) 방이 더럽습니다. ____________________.

8) 한국 노래가 좋습니다. 노래를 ____________________.

9) 미국에 갑니다. 영어를 ____________________.

10) 회사원입니다. 회사에서 ____________________.

문법

▲ 'ㄹ' 탈락

1. 다음 표를 완성하십시오.

기본형	-습/ㅂ니다	-습/ㅂ니까?
살다	삽니다	삽니까?
열다		
만들다		
알다		
놀다		
팔다		

2. 다음 문장을 완성하십시오.

1) 청주에서 삽니다. 충북대학교에서 한국어를 공부합니다.
2) 어머니의 생일입니다. 케이크를 ______________________________.
3) 주말입니다. 운동장에서 친구들과 ______________________________.
4) 시험입니다. 시험 문제를 ______________________________.
5) 담임선생님입니다. 선생님의 전화번호를 ______________________________.
6) 저는 편의점 직원입니다. 물건들을 ______________________________.

3. 밑줄 친 부분에 알맞은 것을 다음 보기에서 골라 글을 완성하십시오.

살다	팔다	놀다	만들다	알다

저는 중국 사람입니다. 지금 청주에서 __________. 저는 충북대학교에서 한국어를 배웁니다. 우리 반에 친구들이 있습니다. 중국 사람과 일본 사람이 있습니다. 몽골 사람도 있습니다. 저는 친구들의 이름을 모두 __________. 저는 오늘 친구 집에서 친구와 __________. 같이 김치찌개를 __________. 제가 김치를 삽니다. 김치는 시장에서 __________.

▲ ~에 가다.

1. 다음을 읽고 어디에 가는지 쓰십시오.

1) 공책이 없습니다. → 문구점에 갑니다.
2) 책을 삽니다. → ____________________.
3) 운동을 합니다. → ____________________.
4) 편지를 보냅니다. → ____________________.
5) 책을 빌립니다. → ____________________.
6) 머리를 자릅니다. → ____________________.
7) 배가 아픕니다. → ____________________.
8) 돈을 찾습니다. → ____________________.
9) 옷을 삽니다. → ____________________.
10) 배가 고픕니다. → ____________________.

2. 다음 그림을 보고 대화를 완성하십시오.

1)

가 : 이 사람은 어디에 갑니까?
나 : 학교에 갑니다.

2)

가 : 이 사람은 어디에 갑니까?
나 : ____________________.

3)

가 : 이 사람은 우체국에 갑니까?
나 : 아니요, ____________________.

4) 

가 : 이 사람은 방송국에 갑니까?
나 : 아니요, ____________________.

5) 

가 : 이 사람은 ____________________?
나 : 네, ____________________.

3. 다음 표를 완성하고 쓰십시오.

	무슨 일입니까?	**어디에 갑니까?**	**무엇을 합니까?**
1	친구의 선물을 삽니다.	백화점	지갑을 삽니다.
2	시험입니다.	도서관	
3	데이트를 합니다.		
4	방학입니다.		
5			

1) 친구의 생일입니다. 백화점에 갑니다. 지갑을 삽니다.

2)____.

3)____.

4)____.

5)____.

▲ ~에서 오다.

1. 다음 그림을 보고 대화를 완성하십시오.

1) 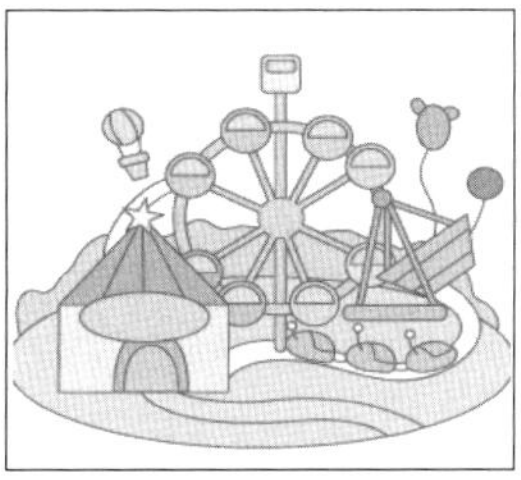

가 : 마리코 씨, 어디에서 옵니까?

나 : 놀이공원에서 옵니다.

2) 

가 : 철수 씨, 어디에서 옵니까?

나 : ______________________________.

3) 

가 : 학교에서 옵니까?

나 : 아니요, ______________________.

4) 

가 : ______________________________?

나 : ______________________________.

5) 

가 : ______________________________?

나 : ______________________________.

▲ –지 않다.

1. 다음 문장을 바꿔 쓰십시오.

1) 영희 씨는 영어를 공부합니다. → 영희 씨는 영어를 공부하지 않습니다.
→ 영희 씨는 영어를 공부하지 않습니까?

2) 준석 씨는 고향에 갑니다. → ____________________.
→ ____________________?

3) 사라 씨는 서점에 있습니다. → ____________________.
→ ____________________?

4) 수지 씨가 문제를 풉니다. → ____________________.
→ ____________________?

5) 아저씨가 수박을 팝니다. → ____________________.
→ ____________________?

2. 다음 그림을 보고 대화를 완성하십시오.

1) 

가 : 주스를 마십니까?
나 : 아니요, 주스를 마시지 않습니다.
밥을 먹습니다.

2) 

가 : 공부를 합니까?
나 : ____________________.
____________________.

3) 

가 : 책을 읽습니까?
나 : ____________________.
____________________.

4)

가 : 한국어를 말합니까?

나 : ______________________.

______________________.

5)

가 : 텔레비전을 봅니까?

나 : ______________________.

______________________.

6)

가 : 빨래를 합니까?

나 : ______________________.

______________________.

7)

가 : 생선을 팝니까?

나 : ______________________.

______________________.

8)

가 : 한국어를 가르칩니까?

나 : ______________________.

______________________.

9)

가 : 책을 삽니까?

나 : ______________________.

______________________.

04 개신문화관 지하 1층으로 가세요.

어휘

1. 다음 그림을 보고 알맞은 것을 연결하십시오.

1)

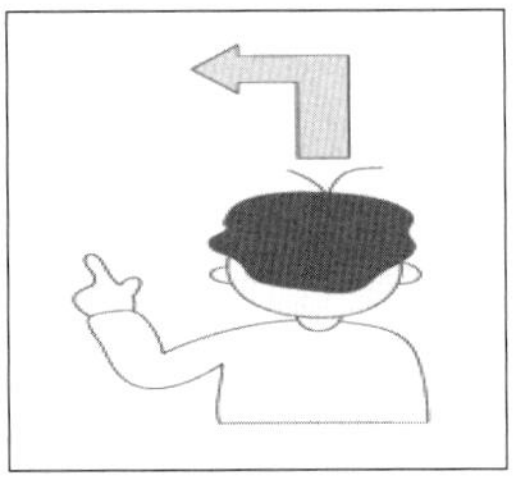

• ——— • 왼쪽

2)

• • 똑바로

3)

• • 건너편

4)

• • 오른쪽

5)

• • 모퉁이

2. 다음 그림을 보고 밑줄 친 곳에 알맞은 동사를 쓰십시오.

1) 1층으로 올라갑니다.

2) 지하로 ________________________.

3) 밖으로 ________________________.

4) 안으로 ________________________.

3. 여기는 국제교류원 언어교육관 앞입니다. 교실에 어떻게 갑니까?

1) 언어교육관 안으로 들어갑니다. → 2층으로 ________________.

→ 똑바로 __________. → 왼쪽/오른쪽에 교실이 ____________.

→ 교실로 __________. → 의자에 __________. → __________.

문법

▲ -(으)세요.

1. 다음 표를 완성하십시오.

기본형	-(으)세요	-(으)십시오	-지 마세요	-지 마십시오
가다	가세요	가십시오	가지 마세요	가지 마십시오
쓰다				
만나다				
읽다				
팔다				
만들다				
일어나다				
공부하다				
*자다				
*먹다				
*마시다				

2. 다음 표를 완성하고 문장으로 쓰십시오.

		O	×
1	호수	낚시	수영
2	밤	우유	커피
3	도서관	공부	잠
4	데이트		
5			

1) 호수에서 낚시를 하세요. 수영을 하지 마세요.

2) 밤입니다. ____________________.

3) ____________________.

4) ____________________.

5) ____________________.

3. 다음 밑줄 친 문장의 동사를 '–(으)세요.'로 바꿔 쓰십시오.

아노트 씨는 지금 1)기숙사에서 삽니다. 충북대 언어교육원에서 2)한국어를 공부합니다. 교실은 2층에 있습니다. 수업은 6교시입니다. 쉬는 시간에는 휴게실에서 3)커피를 마십니다. 4)신문도 읽습니다. 담배는 피우지 않습니다. 점심시간에는 기숙사 5)식당에 갑니다. 점심을 먹습니다. 오후 수업이 있습니다. 공부를 열심히 합니다. 수업이 끝납니다. 교실에서 나옵니다. 6)체육관에서 놉니다.

1) 기숙사에서 사세요.
2) ____________________.
3) ____________________.
4) ____________________.
5) ____________________.
6) ____________________.

4. 다음 대화를 완성하십시오.

1) 가 : 배가 아픕니다.
   나 : 병원에 가세요.

2) 가 : 점심시간입니다.
   나 : ______________________________.

3) 가 : 돈이 없습니다.
   나 : ______________________________.

4) 가 : 수업 시간입니다.
   나 : 친구와 ________________________.

5) 가 : 도서관에서는 담배를 ____________________.
   나 : 알겠습니다. 죄송합니다.

6) 가 : 냉장고에 과일이 있습니다.
   나 : 그 과일은 친구의 과일입니다. ______________.

▲ ~(으)로

1. 다음 그림을 보고 문장으로 쓰십시오.

1) 

오른쪽으로 가세요.

2) 

______________________________.

3) 

______________________________.

4) 

______________________________.

2. 놀이공원에서 아이가 웁니다. 부모님을 찾아 주십시오.

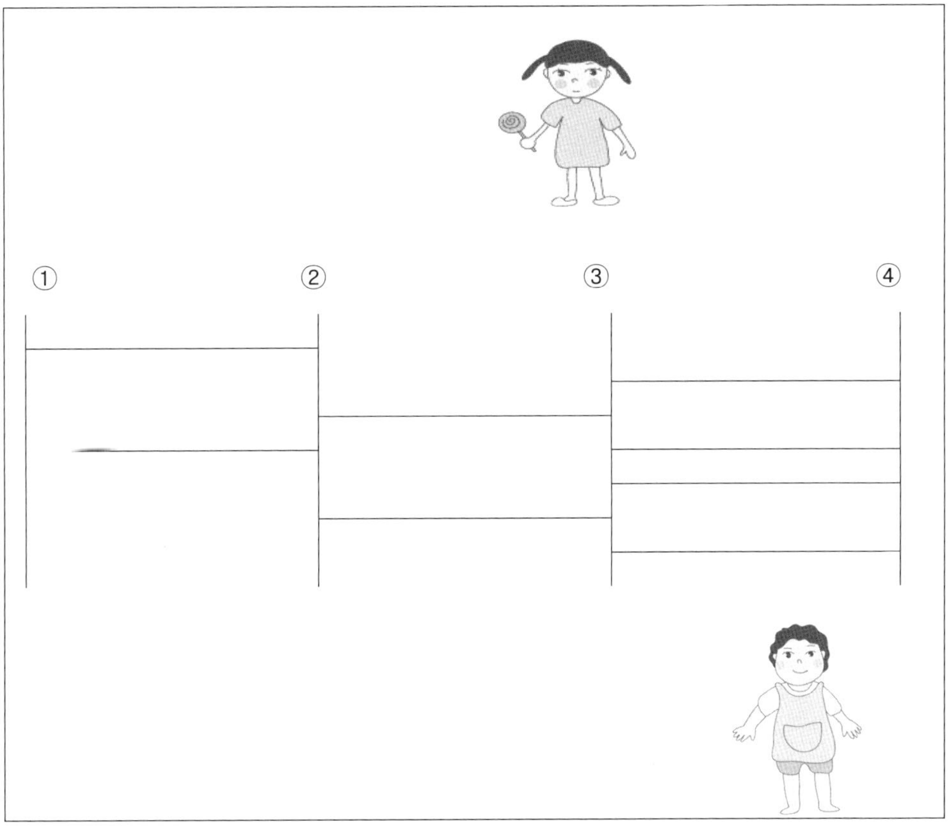

1) 아이가 어머니를 만납니다. 몇 번으로 갑니까? ____________번

2) 어떻게 갑니까?

먼저 _____번에서 밑으로 가세요. ____

____

____

____

▲ 'ㄷ' 불규칙

1. 다음 표를 완성하십시오.

기본형	-습/ㅂ니다	-습/ㅂ니까?	-지 않다	-(으)세요
*듣다	듣습니다	듣습니까?	듣지 않다	들으세요
*묻다				
*걷다				
*싣다				
받다				
믿다				
닫다				

2. 다음 대화를 완성하십시오.

1) 가 : 한국어를 어떻게 공부합니까?
   나 : <u>한국 음악을 들으세요</u>.

2) 가 : 가방을 차 안에 싣습니까?
   나 : 아니요, 차 뒤에 ______________________.

3) 가 : 학교까지 ______________________?
   나 : 아니요, 걷지 않습니다. 버스를 탑니다.

4) 가 : 그 남자를 믿지 않습니다.
   나 : 그 사람은 경찰입니다. 그 사람의 말을 ______________.

5) 가 : 안톤 씨의 전화번호를 모릅니다.
   나 : 안톤 씨에게 전화번호를 ______________________.

3. 다음 문장을 완성하십시오.

1) 시장에서 과일을 <u>팝니다</u>.
2) 한국 음악이 좋습니다. 한국 음악을 ______________________.
3) 비가 옵니다. 창문을 ______________________.
4) 여기에서 가깝습니다. 버스를 타지 마세요. ______________________.
5) 저는 청주에서 ______________. 청주에서 생활합니다.
6) 교실에서 놀지 마세요. 운동장에서 ______________________.

05 복습

어휘

다음에서 밑줄 친 곳에 알맞은 단어를 골라 쓰십시오.

은/는	이/가	의	도	과/와	을/를	에서	위	안	(으)로

1. 책상 ________에 컴퓨터가 있습니다.
2. 저_______ 한국 사람입니다. 일본 사람_________ 아닙니다.
3. 필통 _______에 지우개_________ 펜이 있습니다.
4. 영희는 철수_________ 좋아하지 않습니다.
5. 체육관________ 농구를 합니다.
6. 교실 안에서 밖_________ 나갑니다.
7. 미나 씨가 서점에서 책을 삽니다. 수지 씨________ 책을 삽니다.
8. 왕몽_____ 어머니는 교사입니다.

다음에서 밑줄 친 곳에 알맞은 단어를 골라 쓰십시오.

일어나다	가다	공부하다	먹다	가르치다	배우다	일하다

9. 저희 가족은 어머니, 아버지, 누나, 저 모두 4명입니다.
어머니는 아침 6시에 _________. 저는 7시에 아침을 ______. 학교에 _____.
학교에서 한국어를 _______. 아버지는 회사에서 ______. 어머니는 학교에서
영어를 _______. 누나는 대학생입니다. 대학교에서 경제학을 _____________.

10. 다음을 연결하여 한 문장으로 쓰십시오.

손 ·	· 을 ·	· 재미있다	→	____________________.
친구 ·	· 가 ·	· 높다	→	____________________.
영화 ·	· 이 ·	· 만나다	→	____________________.
건물 ·	· 를 ·	· 씻다	→	____________________.

다음에서 **관계없는** 동사를 고르십시오.

11. 물건을 (사다 팔다 만들다 듣다)
12. 한국어를 (배우다 가르치다 쓰다 씻다)
13. 영어를 (읽다 말하다 마시다 공부하다)

문법/어휘

다음 그림을 보고 알맞은 것을 고르십시오.

1. 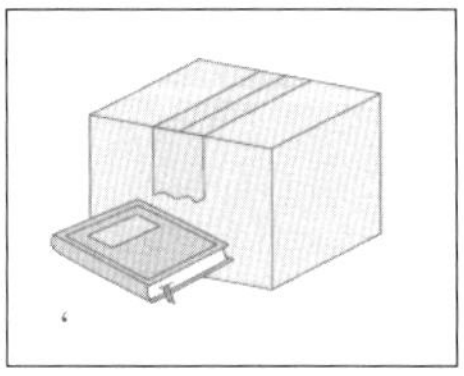

① 아래 ② 앞 ③ 사이 ④ 옆

2. 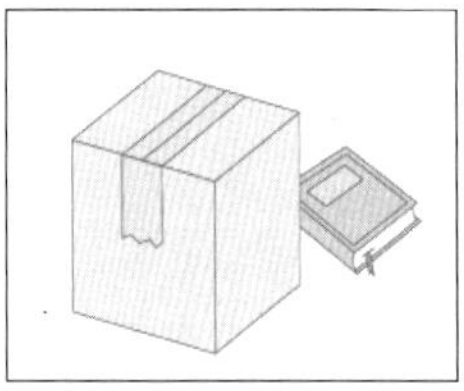

① 안 ② 밑 ③ 위 ④ 뒤

다음 괄호 안에 들어갈 알맞은 동사를 고르십시오.

3. 도서관에서 책을 (   ).
① 읽습니다 ② 삽니다 ③ 마십니다 ④ 갑니다

4. 커피숍에서 친구를 (   ).
① 일어납니다 ② 만납니다 ③ 씻습니다 ④ 잡니다

5. 학교에서 영어를 (   ).
① 청소합니다 ② 일합니다 ③ 운동합니다 ④ 배웁니다

다음과 의미가 반대인 것을 골라 쓰십시오.

닫다 나오다 서다 켜다 내려가다

6. 문을 엽니다. ↔ 문을 ____________________.
7. 교실에 들어갑니다. ↔ 교실에서 ____________________.
8. 불을 끕니다. ↔ 불을 ____________________.
9. 영수가 앉습니다. ↔ 영수가 ____________________.
10. 계단을 올라갑니다. ↔ 계단을 ____________________.

다음 밑줄 친 곳에 알맞은 것을 보기에서 고르십시오.

만들다	알다	팔다	풀다	놀다	살다

11. 엄마가 불고기를 ______________________________.
12. 시험문제를 ______________________________.
13. 시장에서 과일을 ______________________________.
14. 나는 그 선생님의 이름을 ______________________________.
15. 준석 씨는 청주에서 ______________________________.
16. 공원에서 친구와 ______________________________.

다음을 읽고 이어질 말을 고르십시오.

17. 가 : 무엇을 합니까?
    나 : ______________________________.
    ① 도서관에 있습니다　　② 책을 읽습니다
    ③ 학교에서 옵니다　　④ 친구가 많습니다

18. 가 : 서울에서 삽니까?
    나 : 아니요, ______________________________.
    ① 서울에서 삽니다　　② 청주에서 살지 않습니다
    ③ 서울입니다　　④ 청주에서 삽니다

19. 가 : 행정실이 어디입니까?
    나 : ______________________________.
    ① 2층이 있습니다　　② 2층으로 올라가세요
    ③ 2층에 없습니다　　④ 2층에서 오지 않습니다

다음 문장에서 **틀린 곳**을 고치십시오.

20. 책을 읽입니다. →
21. 교실으로 가세요. →
22. 청주에서 살습니다. →
23. 학교에서 공부을 합니다. →
24. 교실에 책상와 컴퓨터가 있습니다. →

쓰 기

다음 밑줄에 알맞은 것을 고르십시오.

1. 가 : 교실에 무엇이 있습니까?
   나 : ______________________.
   ① 칠판과 책상이 있습니다 ② 칠판과 책상을 팝니다
   ③ 칠판과 책상을 사세요 ④ 칠판과 책상을 사지 않습니다

2. 가 : 아흐멧 씨는 무엇을 합니까?
   나 : ______________________.
   ① 학교에 갑니다 ② 운동장에 가지 않습니다
   ③ 학교에서 공부를 하세요 ④ 운동장에서 농구를 합니다

다음 단어를 가지고 문장을 만드십시오.

3.

가방 / 사과 / 배 / 있다

____

4.

친구 / 중국 / 오다

____

5.

충북대학교 / 한국어 / 배우다

____

6.

친구 집 / 김밥 / 떡볶이 / 만들다

____

듣기

다음을 듣고 물음에 답하십시오.

1. 동건 씨는 어디에 갑니까?
   ① 제주도 ② 일본 ③ 공항 ④ 터미널

2. 들은 내용과 맞는 것을 고르십시오.
   ① 수잔 씨는 일본에서 옵니다.
   ② 동건 씨는 지금 공항에 갑니다.
   ③ 동건 씨는 비행기 안에서 음악을 듣습니다.
   ④ 수잔 씨와 동건 씨는 같이 제주도에 갑니다.

다음을 듣고 물음에 답하십시오.

3. 수잔 씨의 담임선생님은 어디에 있습니까?
   ① 소파 위 ② 소파 아래 ③ 소파 뒤 ④ 소파 옆

4. 컴퓨터 앞에 누가 있습니까?
   ① 오 선생님과 유 선생님 ② 김 선생님과 이 선생님 ③ 박 선생님과 유 선생님

다음을 듣고 내용과 **맞지 않는 것**을 고르십시오.

5.
   ① 영화는 4층에서 봅니다.
   ② 영화관 지하에 주차장이 있습니다.
   ③ 시내에는 백화점과 커피숍이 있습니다.
   ④ 영화관 건물 안에는 식당과 옷 가게가 있습니다.

읽기

다음을 읽고 물음에 답하십시오.

이것은 누나의 결혼식 사진입니다. 신랑의 직업은 경찰입니다. 가족들이 식당에서 식사를 합니다. 탁자 위에 케이크가 있습니다. 꽃도 있습니다. 신부와 신랑은 케이크 앞에 있습니다. 아버지와 어머니는 꽃 앞에 있습니다. 그 옆에 여동생하고 제가 있습니다. 여동생이 케이크를 먹습니다. 형은 없습니다. 형은 미국에 있습니다. 한국어 교사입니다.

아버지와 어머니 맞은편에 신랑의 부모님이 있습니다. 신부 옆에 신랑이 있습니다. 신랑이 신부의 손을 잡습니다. 신랑 옆에 사진사가 있습니다. 사진을 찍습니다. 사진사 뒤에 누나의 친구가 있습니다. 축하 노래를 부릅니다.

1. 글의 내용과 같은 것을 고르십시오.
① 식당에 꽃과 케이크가 없습니다.
② 누나의 친구가 사진을 찍습니다.
③ 형과 여동생은 케이크를 먹습니다.
④ 동생과 나는 어머니 옆에 있습니다.

2. 신부는 누구입니까?
① 부모 ② 누나 ③ 친구 ④ 나

3. 형은 무엇을 합니까?
① 노래를 부릅니다. ② 사진을 찍습니다.
③ 케이크를 만듭니다. ④ 한국어를 가르칩니다.

말하기

여기는 백화점입니다. 다음과 같이 대화를 만드십시오.

10층	식당 / 사무실 / 휴게실
9층	가구 / 운동기구
8층	컴퓨터 / 휴대전화 / MP3
7층	가전제품
6층	서점 / 커피숍 / 화장실
5층	어린이 옷 / 장난감 / 문구
4층	남자 옷 / 신발
3층	여자 옷 / 화장실
2층	여자 옷 / 우산 / 모자
1층	액세서리 / 가방 / 향수 / 화장품
지하 1층	슈퍼마켓
지하 2층	주차장

[보기]

가 : 실례합니다.
　　신발은 몇 층에 있습니까?
나 : 4층에 있습니다. 4층으로 가세요.

가 : 5층에는 무엇이 있습니까?
나 : 5층에 어린이 옷과 장난감이 있습니다.

가 : 책을 삽니다. 어디로 갑니까?
나 : 6층으로 올라가세요.

| 매일 만나는 한국어 1 활용 |

4과 일상생활 1

01. 한국어 수업은 몇 시에 시작해요?

02. 한국어 수업은 월요일부터 금요일까지 있어요.

03. 주말에 무엇을 할 거예요?

04. 어제 무엇을 했어요?

05. 복습

01 한국어 수업은 몇 시에 시작해요?

어휘

1. 몇 시입니까?

1)

세 시입니다.

2)

____

3)

____

4) **8 : 40**

____

5) **17 : 24**

____

6) **22 : 56**

____

2. 다음을 보고 밑줄 친 곳에 알맞은 말을 쓰십시오.

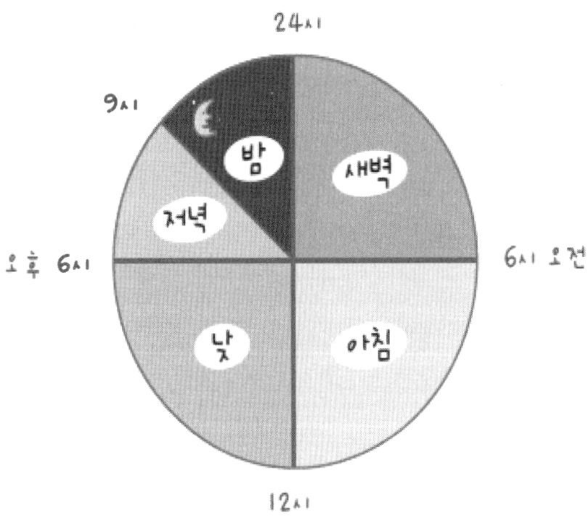

1) 오후 2시는 낮입니다.

2) 오전 3시는 ______________.

3) 오후 7시 반은 ______________.

4) 오후 9시 35분은 ______________.

5) 한국어 수업은_____과/와 ____에 있습니다.

문법

▲ ~에

1. 다음을 보고 문장으로 만드십시오.

1) 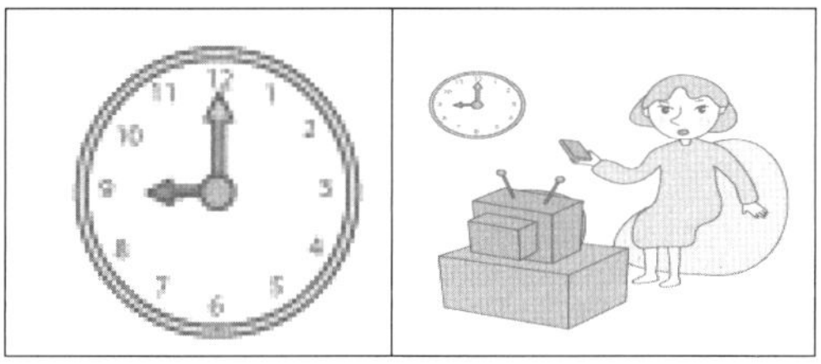

아홉 시에 텔레비전을 봅니다.

2) 

______________________.

3) 

______________________.

4) 

______________________.

5) 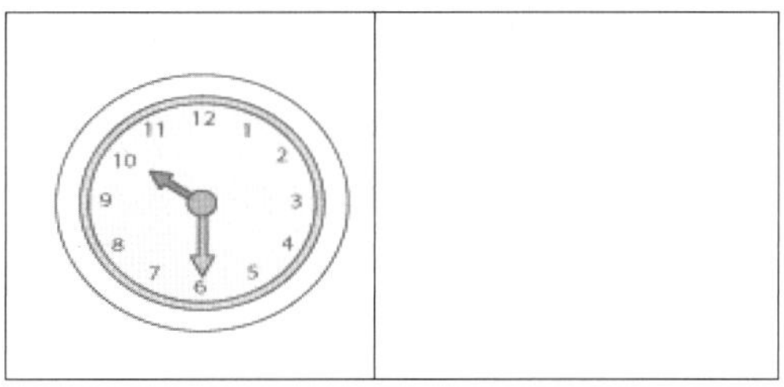

______________________.

2. 다음 표를 쓰고 대화를 완성하십시오.

새벽	조깅
	한국어 공부
낮	한국 친구
저녁	
	숙제, 컴퓨터

사　라 : 새벽에 무엇을 합니까?
라이언 : 새벽에 조깅을 합니다.
사　라 : ______________________________?
라이언 : 아침에 한국어 공부를 합니다.
사　라 : 낮에 무엇을 합니까?
라이언 : ______________________________.
사　라 : ______________________________?
라이언 : 저녁에 태권도를 합니다.
사　라 : 밤에 무엇을 합니까?
라이언 : ______________________________.

3. 다음을 보고 대화를 완성하십시오.

일요일	월요일	화요일	수요일	목요일	금요일	토요일
	한국어 수업		책 (도서관)	(오전 10시) 영화		(오후2시) 친구

샤오핑 : 월요일에 무엇을 합니까?
나타샤 : 월요일에 한국어 수업을 듣습니다.
샤오핑 : 수요일에 무엇을 합니까?
나타샤 : ______________________________.
샤오핑 : 언제 영화를 봅니까?
나타샤 : ______________________________.
샤오핑 : 언제 친구를 만납니까?
나타샤 : ______________________________.

▲ –아/어/여요.

1. 다음 표를 완성하십시오.

기본형	–아/어/여/요	기본형	–아/어/여요
앉다	앉아요	가르치다	
가다		공부하다	
만나다		알다	
먹다		놀다	
읽다		듣다	
배우다		걷다	
마시다		받다	
좋다		많다	
작다		적다	
재미있다		재미없다	

2. 다음 그림을 보고 대화를 완성하십시오.

1)

가 : 집에 가요?
나 : 네, 집에 가요.

2)

가 : 영어를 가르쳐요?
나 : ____________________.

3)

가 : 텔레비전을 봐요?
나 : ____________________.

4)

가 : ____________________?
나 : 아니요, 차를 마시지 않아요.
밥을 먹어요.

3. 다음 밑줄 친 곳을 '-아/어/여요.' 로 바꿔 쓰십시오.

여기는 충북대학교입니다. 저는 일본 학생입니다. 오늘 저는 샤오핑 씨하고 백화점에 갑니다. 백화점에서 쇼핑을 합니다. 저는 지갑을 삽니다. 샤오핑 씨는 모자를 삽니다. 백화점 6층에서 점심을 먹습니다. 저는 비빔밥을 좋아합니다. 저는 비빔밥을 먹습니다. 샤오핑 씨는 김치찌개를 좋아합니다. 샤오핑 씨는 김치찌개를 먹습니다. 비빔밥하고 김치찌개는 맛있습니다. 우리는 커피숍에 갑니다. 커피숍에서 커피를 마십니다. 우리는 커피숍에서 이야기를 합니다.

⇩

여기는 충북대학교예요. 저는 일본 학생________. 샤오핑 씨하고 저는 백화점에 ________. 백화점에서 쇼핑을 ________. 저는 지갑을 ________. 샤오핑 씨는 모자를 ________. 백화점 6층에서 점심을 ________. 저는 비빔밥을 ________. 저는 비빔밥을 ________. 샤오핑 씨는 김치찌개를 ________. 샤오핑 씨는 김치찌개를 ________. 비빔밥하고 김치찌개는 ________. 우리는 커피숍에 ________. 커피숍에서 커피를 ________. 우리는 커피숍에서 이야기를 ________.

4. 다음 문장에서 **틀린 것**을 찾아서 고치십시오.

1) 저는 커피를 싫어하요. → 싫어해요.
2) 점심에 불고기를 만드어요. → ________________.
3) 고향에서 부모님이 오아요. → ________________.
4) 우리 어머니는 한국어를 가르치어요. → ________________.
5) 저녁에 친구와 같이 텔레비전을 보어요. → ________________.

▲ '으' 탈락

1. 다음 표를 완성하십시오.

기본형	-아/어/여요	-습/ㅂ니다	-(으)세요	-지 않아요
쓰다	써요			
끄다				
모으다				
크다				
예쁘다				
바쁘다				
나쁘다				

2. 다음 대화를 완성하십시오.

1) 가 : 미나 씨, 지금 무엇을 해요?
나 : 부모님에게 편지를 써요.

2) 가 : 오늘 시간이 있어요?
나 : 아니요, 오늘은 매우 ________.

3) 가 : 동생도 키가 작아요?
나 : 아니요, 동생은 ________.

4) 가 : 에릭 씨는 취미가 뭐예요?
나 : 우표를 ________________.

3. 다음 문장에서 밑줄 친 곳을 맞게 고치십시오.

1) 시장에서 바나나를 팔습니다. → 팝니다.
2) 오늘 오후에는 바빠지 않습니다. → ________________.
3) 저는 친구의 말을 밀어요. → ________________.
4) 다리가 아퍼요. 그래서 걸지 않아요. → ________________.
5) 주말에 학교에서 놀으세요. → ________________.
6) 저는 만화책을 모와지 않습니다. → ________________.
제 동생이 몹니다. → ________________.

02 한국어 수업은 월요일부터 금요일까지 있어요.

어휘

1. 다음을 한국어로 쓰십시오.

1) 1월 → 일월
2) 3월 →
3) 4월 →
4) 6월 →
5) 7월 →
6) 8월 →
7) 10월 →
8) 12월 →

2. 다음 대화를 완성하십시오.

1) 가 : 어린이날은 언제예요? (5월 5일)
나 : 어린이날은 오월 오일이에요.

2) 가 : 크리스마스는 언제예요? (12월 25일)
나 : ______________________.

3) 가 : 언제 방학을 해요? (8월 17일)
나 : ______________________.

4) 가 : 생일이 언제예요? (10월 10일)
나 : ______________________.

5) 가 : 언제 서울에 가요?
나 : ______________________.

6) 가 : 무슨 요일에 영화를 봐요?
나 : ______________________.

7) 가 : 언제 학교에 가지 않아요?
나 : ______________________.

8) 가 : 오늘은 몇 월 며칠이에요?
나 : ______________________.

문법

▲ ~부터 ~까지

1. 다음을 한국어로 쓰십시오.

1) 8 : 00 ~ 12 : 00 → 여덟 시부터 열두 시까지
2) 7월 ~ 10월 → ____________________
3) 3일 ~ 24일 → ____________________
4) 월요일 ~ 금요일 → ____________________
5) 아침 ~ 저녁 → ____________________

2. 마이클 씨의 하루 일과입니다. 다음을 보고 물음에 알맞은 대답을 쓰십시오.

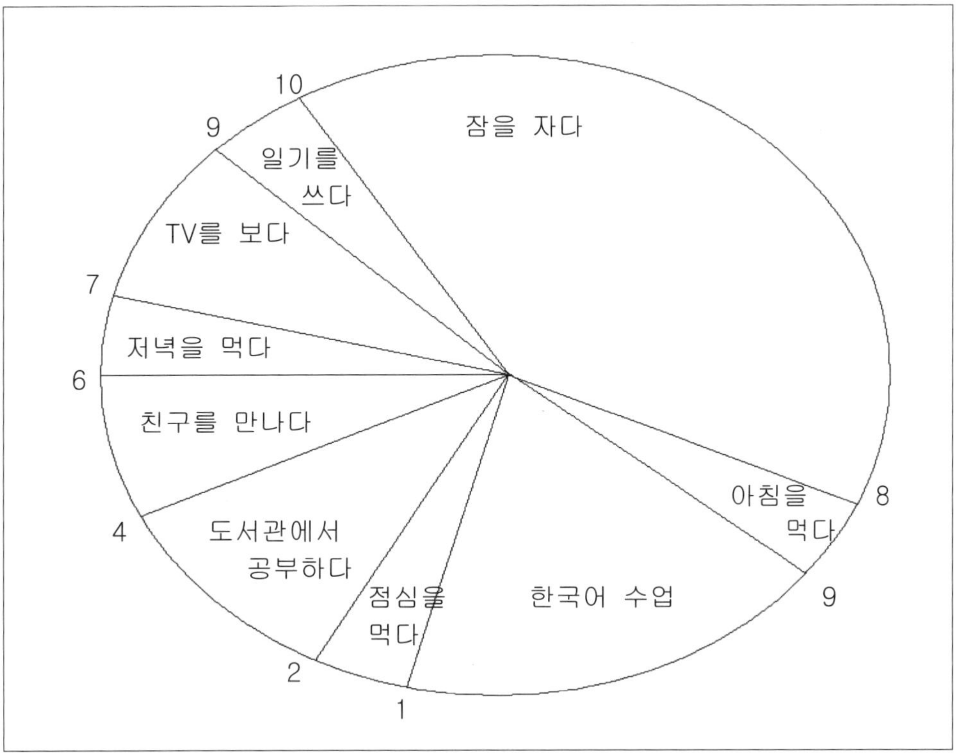

1) 마이클 씨는 언제 한국어 수업을 해요?
9시부터 1시까지 한국어 수업을 해요.

2) 마이클 씨는 언제 점심을 먹어요?
____________________________________.

3) 마이클 씨는 몇 시부터 몇 시까지 도서관에 있어요?

____.

4) 마이클 씨는 몇 시에 친구를 만나요?

____.

5) 마이클 씨는 언제 저녁을 먹어요?

____.

6) 마이클 씨는 몇 시까지 텔레비전을 봐요?

____.

7) 마이클 씨는 몇 시부터 몇 시까지 잠을 자요?

____.

3. 여러분의 하루 일과를 쓰십시오.

8시 40분	8시 40분에 학교에 가요.
9시 ~ 1시	

1) 8시 40분에 학교에 가요.

2) 9시부터 1시까지 ____.

3) ____.

5) ____.

6) ____.

7) ____.

▲ -고

1. 다음 그림을 보고 문장을 만드십시오.

1)

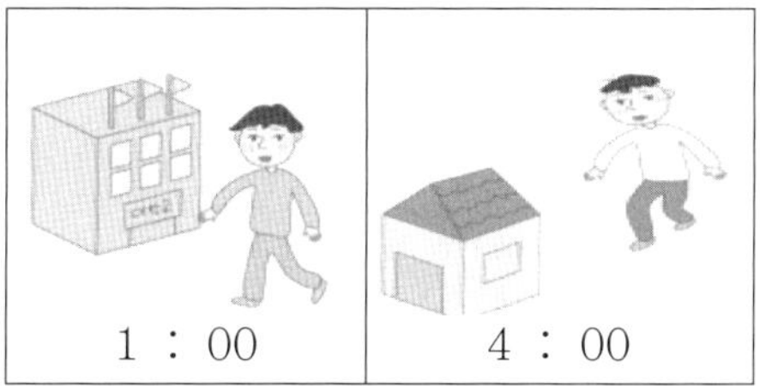

1시에 학교에 가고 4시에 기숙사에 와요.

2)

________________________________.

3)

________________________________.

4)

________________________________.

2. 다음을 사용하여 한 문장으로 만드십시오.

1) 저 식당 / 맛있다 / 값이 싸다
→ 저 식당은 맛있고 값이 싸요.

2) 미라 씨 / 오전 / 운동하다 / 오후 / 영화를 보다
→ ______________________________.

3) 사라 씨 / 학교에 가다 / 장이 씨 / 집에 가다
→ ______________________________.

4) 샤오핑 씨 / 1시 / 책을 읽다 / 3시 / 음악을 듣다
→ ______________________________.

5) 저 / 고향 / 산 / 많다 / 공기 / 좋다
→ ______________________________.

3. 다음 표를 보고 미나와 안톤의 하루 일과를 말하십시오.

미나		안톤	
11시	영어 수업	9시	한국어 수업
2시	친구를 만나다	1시	점심 식사
5시	운동	4시	영화를 보다
7시	저녁 식사	6시	책을 읽다

1) 미나 씨는 11시에 영어 수업을 듣고 2시에 친구를 만나요.
친구를 만나고 5시에 ______________________________.
______________________________.

2) 안톤 씨는 ______________________________.
______________________________.
______________________________.

▲ 안

1. 다음 대화를 완성하십시오.

1) 가 : 토요일에 학교에 갑니까?
나 : 아니요, 안 갑니다.

2) 가 : 음악을 들어요?
나 : 아니요, ______________________.

3) 가 : 오늘 바빠요?
나 : 아니요, ______________________.

4) 가 : 지금 배가 고파요?
나 : 아니요, ______________________.

5) 가 : 밥을 먹고 운동을 해요?
나 : 아니요, ______________________.

2. 다음 표를 보고 물음에 답하십시오.

월요일	화요일	수요일	목요일	금요일	토요일	일요일
청소하다	친구를 만나다	한국어 수업	한국어 수업	한국어 수업	부산에 가다	편지를 쓰다

1) 가 : 수요일에 친구를 만나요?
나 : 아니요, 수요일에 친구를 안 만나요. 화요일에 만나요.

2) 가 : 월요일에 한국어 수업을 해요?
나 : 아니요, ______________________.

3) 가 : 토요일에 서울에 가요?
나 : 아니요, ______________________.

4) 가 : 일요일에 청소를 해요?
나 : 아니요, ______________________.

03 주말에 무엇을 할 거예요?

어휘

1. 다음 보기에서 동사와 어울리는 단어를 골라 쓰십시오.

축구	당구	농구	야구	탁구	배구	수영	스키	골프	볼링
태권도	테니스	자전거	배드민턴	스노보드	스케이트				

축구 수영 야구	⇒	하다
스키 자전거	⇒	타다
골프 배드민턴	⇒	치다

문법

▲ -(으)ㄹ 거예요.

1. 다음 표를 완성하십시오.

기본형	-(으)ㄹ 거예요	-(으)ㄹ 겁니다	기본형	-(으)ㄹ 거예요	-(으)ㄹ 겁니다
가다	갈 거예요	갈 겁니다	살다		
사다			만들다		
앉다			좋다		
읽다			작다		
쓰다			바쁘다		
묻다			예쁘다		
듣다			재미있다		
공부하다			피곤하다		

2. 다음 단어로 문장을 만드십시오.

1) 백화점 / 신발 / 사다 → 백화점에서 신발을 살 거예요.
2) 내일 / 제임스 씨 / 바쁘다 → ______________________.
3) 토요일 / 영화 / 보다 → ______________________.
4) 저녁 / 책 / 읽다 → ______________________.
5) 주말 / 한국음식 / 만들다 → ______________________.
6) 그 친구 / 성격 / 좋다 → ______________________.
7) 저녁 / 노래 / 듣다 → ______________________.
8) 주말 / 친구 / 놀다 → ______________________.
9) 언니 / 피곤하다 → ______________________.
10) 금요일 / 눈 / 오다 → ______________________.

3. 다음 그림을 보고 대화를 완성하십시오.

1)

가 : 언제 커피를 마실 거예요?
나 : <u>밥을 먹고 마실 거예요</u>.

2)

가 : 저녁에 뭐 할 거예요?
나 : 친구를 만나고 ____________.

3)

가 : 주말에 뭐 할 겁니까?
나 : 산책하고 ____________.

4)

가 : 내일 날씨가 좋을까요?
나 : 아니요, ________________.

5)

가 : 제니 씨가 김치를 좋아할까요?
나 : 네, ________________.

6)

가 : 가방이 어디에 있어요?
나 : ______________________.

7)

가 : 언제 한국으로 돌아올 거예요?
나 : ______________________.

8)

가 : 이 자동차가 비쌀까요?
나 : 아니요, ________________.

4. 다음 대화를 완성하십시오.

가 : 방학에 고향에 갈 거예요?

나 : 아니요, 안 갈 거예요.

가 : 그러면 뭐 할 거예요?

나 : 여행을 갈 거예요.

가 : 어디에 갈 거예요?

나 : ______________________________.

가 : 비행기를 타고 갈 거예요?

나 : 아니요. ______________________________.

가 : 제주도에서 무엇을 할 거예요?

나 : 한라산도 가고 말도 ______________________________.

가 : 무엇을 먹을 거예요?

나 : 흑돼지를 ______________________________.

가 : 회도 먹을 거예요?

나 : 아니요. ______________________________.

가 : 어디에서 ______________________________?

나 : 호텔에서 ______________________________.

가 : 호텔에서 텔레비전을 ______________________________?

나 : 아니요. 텔레비전을 ______________________________.

음악을 ______________________________.

가 : 그리고 무엇을 할 거예요?

나 : ______________________________.

▲ -(으)ㄹ 수 있다. / 없다.

1. 다음 문장을 바꿔 쓰십시오.

1) 농구를 하다. → 농구를 할 수 있어요. / 농구를 할 수 없어요.
2) 한국 노래를 부르다. → ______________________.
3) 김치찌개를 만들다. → ______________________.
4) 수학문제를 풀다. → ______________________.
5) 집까지 걷다. → ______________________.
6) 영어를 하다. → ______________________.

2. 다음 그림을 보고 표를 완성하십시오.

	무엇을 할 수 있어요?		무엇을 할 수 없어요?
1	수영을 할 수 있어요.	1	자전거를 탈 수 없어요.
2		2	
3		3	
4		4	
5		5	

3. 친구는 무엇을 할 수 있습니까? 또 무엇을 할 수 없습니까?

〈보기〉와 같이 아래 표를 완성해 보십시오.

보기

이름	피아노	스키
나타샤	O	X

나타샤는 피아노를 칠 수 있어요.
나타샤는 스키를 탈 수 없어요.

가 : 피아노를 칠 수 있어요?
나 : 네, 피아노를 칠 수 있어요.
가 : 스키도 탈 수 있어요?
나 : 아니요, 스키는 탈 수 없어요.

친구 이름	피아노	스키	한국 음식	태권도	한국 신문

무엇을 할 수 있어요?		무엇을 할 수 없어요?	
1		1	
2		2	
3		3	
4		4	
5		5	

▲ -아/어/여서

1. 다음 표를 완성하십시오.

기본형	-아/어/여서	기본형	-아/어/여서
앉다	앉아서	씻다	
가다		쓰다	
만나다		걷다	
내리다		만들다	
숙제하다		일어나다	

2. 다음 두 문장을 한 문장으로 만드십시오.

1) 백화점에 갑니다. 치마를 삽니다.
→ <u>백화점에 가서 치마를 삽니다</u>.

2) 편지를 써요. 부모님께 보내요.
→ ______________________________.

3) 버스에서 내려요. 전화하세요.
→ ______________________________.

4) 의자에 앉아요. 기다리세요.
→ ______________________________.

5) 친구를 만나요. 영화를 봐요.
→ ______________________________.

6) 사과를 씻어요. 먹어요.
→ ______________________________.

7) 요리해요. 친구들과 같이 먹을 거예요.
→ ______________________________.

8) 방학에 고향에 갈 거예요. 고향 음식을 먹을 거예요.
→ ______________________________.

3. 다음 그림을 보고 문장을 만드십시오.

1)

밖에 나가서 친구와 놀 거예요.

2)

포도를 ________________.

3)

________________.

4)

________________.

5)

________________.

6)

________________.

4. 여러분은 무엇을 합니까?

〈보기〉 일어나다 → 물을 마시다 ⇒ 일어나서 물을 마셔요.

1	일어나다.	→
2	학교에 가다.	→
3	친구를 만나다.	→
4	기숙사에 가다.	→
5		

1) ______________________________.

2) ______________________________.

3) ______________________________.

4) ______________________________.

5) ______________________________.

5. 다음 문장을 읽고 맞는 것을 고르십시오.

1) 버스를 (타고, 타서) 시내에 갈 거예요.

2) 친구를 (만나고, 만나서) 같이 쇼핑을 해요.

3) 모자를 (쓰고, 써서) 가세요.

4) 시장에 (가고, 가서) 거기에서 과일을 살 거예요.

5) 소설책을 (읽고, 읽어서) 감상문을 쓰세요.

6) 선물을 (사고, 사서) 여자 친구에게 줘요.

7) 한국 음식을 (만들고, 만들어서) 친구들과 같이 먹을 거예요.

8) 친구들과 음악을 (듣고, 들어서) 노래를 해요.

04 어제 무엇을 했어요?

어휘

1. 다음 괄호 안에 알맞은 말을 쓰십시오.

10월

	일요일	월요일	화요일	수요일	목요일	금요일	토요일
지난주				1	2	3	4
(　　)	5	6 그저께	7 (　　)	8 오늘	9 내일	10 (　　)	11 글피
다음 주	12	13	14	15	16	17	18

(　　)	이번 달	(　　)
5월	6월	7월

작년	(　　)	(　　)
2015년	2016년	2017년

2. 다음 괄호 안에 알맞은 말을 쓰십시오.

1) 오늘은 3월 4일이고 (모레)는 6일입니다.

2) 내일은 목요일입니다. (　　　　　　)은/는 월요일입니다.

3) 어제는 5월 7일 금요일이고 5월 13은 (　　　　　　　　　)입니다.

4) 저는 올해 한국에 왔고 (　　　　)에 대학에 갈 거예요.

5) 이번 달은 7월이고 (　　　　)은/는 8월입니다.

문법

▲ -았/었/였-

1. 다음 표를 완성하십시오.

기본형	-았/었/였어요	-았/었/였습니다	기본형	-았/었/였어요	-았/었/였습니다
앉다	앉았어요	앉았습니다	배우다		
받다			마시다		
가다			가르치다		
오다			알다		
보다			만들다		
만나다			공부하다		
먹다			숙제하다		
읽다			듣다		
쓰다			묻다		
모으다			닫다		
좋다			예쁘다		
나쁘다			바쁘다		
많다			재미있다		
적다			재미없다		

2. 다음 문장을 과거형으로 바꿔 쓰십시오.

1) 오늘 학교에 가요. → 어제 학교에 갔어요.

2) 다음 달에 편지를 쓸 거예요. → 지난달에 ________________.

3) 다음 주에 친구하고 여행을 해요. → 지난주에 ________________.

4) 저녁에 빵과 우유를 먹을 거예요. → 아까 ________________.

5) 내년에 고향에서 가족을 만날 거예요. → 작년에 ________________.

6) 지금 도서관에 사람이 많아요. → 그저께 ________________.

3. 다음 그림을 보고 대화를 완성하십시오.

1)

가 : 어제 무엇을 했어요?
나 : 도서관에서 책을 읽었어요.

2)

가 : 주말에 무엇을 했어요?
나 : ______________________.

3)
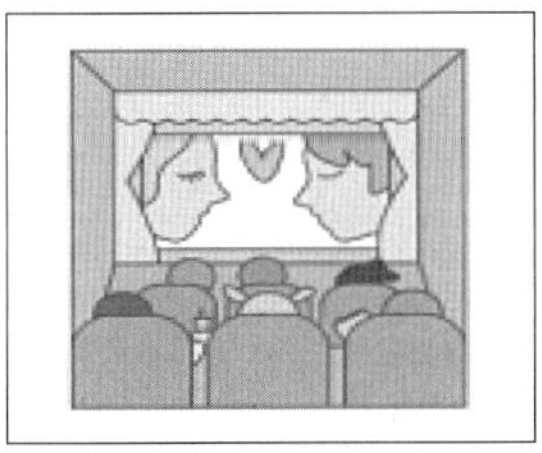

가 : 어제 저녁에 무엇을 했어요?
나 : ______________________.

4)

가 : 그저께 무엇을 했어요?
나 : ______________________.

5)

가 : 주말에 무엇을 했어요?
나 : ______________________.

6)

가 : ______________________?
나 : ______________________.

7)

가 : 어제 날씨가 어땠어요?
나 : ______________________.

8)
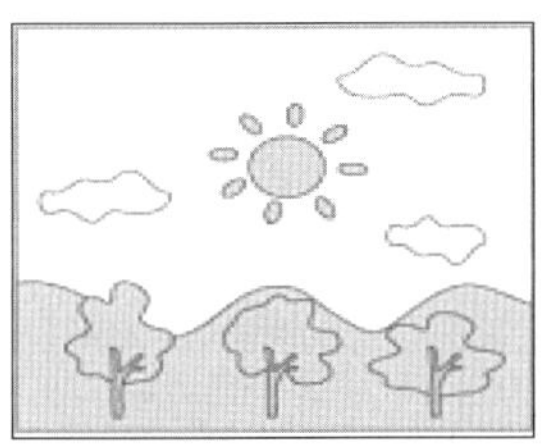

가 : 주말에 비가 왔어요?
나 : 아니요, ______________.

▲ -아/어/여서

1. 다음 표를 완성하십시오.

기본형	-아/어/여서	기본형	-아/어/여서
가다	가서	살다	
오다		만들다	
읽다		빨래하다	
배우다		듣다	
기다리다		걷다	
좋다		바쁘다	
나쁘다		예쁘다	

2. 다음 그림을 보고 대화를 완성하십시오.

1) 

가 : 왜 늦었어요?
나 : 늦잠을 자서 늦었어요.

2) 

가 : 왜 병원에 갔어요?
나 : ________________.

3) 

가 : 왜 피곤해요?
나 : ________________.

4) 

가 : 왜 그 식당에 자주 가요?
나 : ________________.

5) 

가 : 그 사람이 왜 좋아요?
나 : ________________.

6) 

가 : 어제 왜 잠을 잘 수 없었어요?
나 : ________________.

3. 알맞은 것을 연결하고 한 문장으로 쓰십시오.

1) 비가 왔어요. •	• 병원에 갔어요.
2) 숙제가 많아요. •	• 시내에 가요.
3) 늦잠을 잤어요. •	• 우산을 샀어요.
4) 감기에 걸렸어요. •	• 놀 수 없어요.
5) 친구와 약속이 있어요. •	• 수업에 늦었어요.

1) 비가 와서 우산을 샀어요.
2) ________________.
3) ________________.
4) ________________.
5) ________________.

▲ 못

1. 다음 대화를 완성하십시오.

1) 가 : 수영을 할 수 있어요?
   나 : 아니요, 시간이 없어서 수영을 못 해요. / 하지 못해요.

2) 가 : 어제 뉴스를 듣지 못했어요?
   나 : 네, 시간이 없어서 ______________________.

3) 가 : 시험 잘 봤어요?
   나 : 아니요, ______________________.

4) 가 : 한국 음식을 만들어요?
   나 : ______________________.

5) 가 : 한국 신문을 읽어요?
   나 : ______________________.

2. 다음 그림을 보고 대화를 완성하십시오.

1)

가 : 운동을 했어요?
나 : 아니요, 피곤해서 못 했어요.

2)

가 : 과일을 샀어요?
나 : ______________________.

3)

가 : 이번 주말에 등산을 가요?
나 : ______________________.

4)

가 : 록 음악을 잘 들어요?
나 : ______________________.

5)

가 : 김치를 먹어요?
나 : ________________.

6)

가 : 친구를 만났어요?
나 : ________________.

3. 다음 표를 완성하고 쓰십시오.

	나	친구
한국어	○	×
피아노		
그림		
태권도		
한국음식		

나는 한국어를 잘해요. 하지만 내 친구는 한국어를 못해요.

____.

____.

____.

____.

05 복습

어휘

보기에서 알맞은 말을 골라 문장을 완성하십시오.

못	모레	혼자	평일	휴가	자전거	많다	금요일
안	주말	날씨	운전	바쁘다	샤워하다		시작하다

1. 어제 ___________이/가 좋아서 친구와 소풍을 갔어요.
2. 아파서 학교에 _________ 갔어요.
3. ____________을/를 타고 시내에 갔어요.
4. 토요일에는 수업이 없어서 학교에 _______ 가요.
5. 영화는 몇 시에 __________고 몇 시에 끝나요?
6. ___________에 학교에서 한국어를 배워요.
7. 토요일과 일요일은 _______________예요/이에요.
8. 친구들은 방학에 공부를 하지만 저는 ________ 여행을 할 거예요.
9. 다음 주는 ________이어서/여서 회사에 가지 않고 계속 쉴 거예요.
10. 저는 _______을/를 배워서 할 수 있어요. 제 자동차를 타고 여행도 했어요.
11. 내일은 일이 많고 __________아/어/여서 만날 수 없어요.
12. 내일이 아니고 _________이/가 제 친구 겐지의 생일이에요.
13. 월요일부터 _________까지 일을 하고 주말은 쉬어요.
14. 저녁에 운동하고 _____________아/어/여요.
15. 주말이어서 시내에 사람이 _________(으)ㄹ 거예요.

어휘/문법

다음 그림을 보고 괄호 안에 알맞은 것을 고르십시오.

1. 

가 : 다음 주 주말에 무엇을 할 거예요?
나 : (   )을/를 탈 거예요.
① 축구 ② 당구 ③ 스키 ④ 테니스

2.

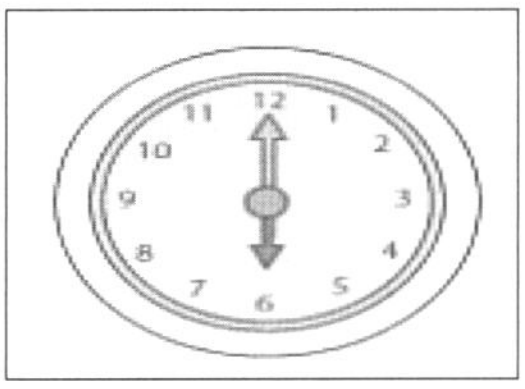

가 : 몇 시에 저녁을 먹어요?
나 : (   )에 먹어요.
① 여섯 시 ② 일곱 시 ③ 여덟 시 ④ 아홉 시

다음을 읽고 밑줄 친 부분과 **반대되는 뜻**을 가진 것을 고르십시오.

3. 가 : 한국어 수업이 언제 <u>시작해요</u>?
나 : 9시에 시작해요.
① 공부해요 ② 끝나요 ③ 출발해요 ④ 도착해요

4. 가 : <u>오후</u>에 시험을 봤어요?
   나 : 아니요. ________에 시험을 봤어요.
   ① 오전　② 평일　③ 저녁　④ 휴일

다음 밑줄 친 곳에 들어갈 알맞은 것을 고르십시오.

5. 배가 ________ 병원에 갔어요.
   ① 고파서　② 아파서　③ 예뻐서　④ 바빠서

6. 지난 주말에 친구가 한국에 ________________.
   ① 와요　② 왔어요　③ 올 거예요　④ 올 수 있어요

다음 문장을 읽고 밑줄 친 곳의 **의미가 다른 것**을 고르십시오.

7.
① 주말 오후에는 <u>바쁠 거예요</u>.
② 운동을 하고 샤워를 <u>할 거예요</u>.
③ 이따가 이 자리에 <u>앉을 거예요</u>.
④ 오늘 저녁에 불고기를 <u>먹을 거예요</u>.

8.
① 여기에 <u>앉아서</u> 기다리세요.
② 한국에 <u>가서</u> 친구를 만났어요.
③ 빵을 <u>먹어서</u> 배가 고프지 않아요.
④ 김밥을 <u>만들어서</u> 친구와 먹을 거예요.

쓰기

다음 대화를 읽고 이어질 말을 고르십시오.

1. 가 : 한국어를 배워요?
   나 : ______________________________.
   ① 네, 한국어를 가르쳐요 ② 아니요, 한국어를 공부해요
   ③ 네, 한국어를 가르칠 거예요 ④ 아니요, 한국어를 배우지 않아요

2. 가 : 방학에 무엇을 할 거예요?
   나 : ______________________________.
   ① 고향에 갔어요 ② 한국어 공부를 하세요
   ③ 여행을 할 거예요 ④ 7월부터 8월까지 방학을 할 거예요

3. 가 : 피아노를 칠 수 있어요?
   나 : ______________________________.
   ① 네, 피아노를 칠 수 없어요 ② 아니요, 피아노를 못 쳐요
   ③ 네, 피아노를 치지 못해요 ④ 아니요, 피아노를 칠 거예요

4. 가 : 지금 어디에 가요?
   나 : ______________________________.
   ① 학교에서 와요 ② 머리가 아파서 병원에 가요
   ③ 학교에 가세요 ④ 한국어를 공부해서 대학에 가요

다음 단어를 모두 사용하여 문장을 만드십시오.

5. | 한국어 수업 / 월요일 / 금요일 / 있다 |
|---|

____

6. | 밥 / 먹다 / 이 / 닦다 |
|---|

____

7. | 형 / 누나 / 내년 / 한국 / 오다 |
|---|

____

다음을 보고 밑줄 친 곳에 알맞은 말을 쓰십시오.

6월

일요일	월요일	화요일	수요일	목요일	금요일	토요일
7	8	9 수영	10	11 수영	12	13 등산(x) 비
14	15 **<u>오늘</u>**	16	17 내 생일 생일파티	18	19	20 여행 (서울)
21 여행 (서울)	22	23	24	25	26	27

8. 지난주 화요일과 목요일에는 수영을 ________. 저는 수영을 __________.
지난주 토요일에는 비가 _____ 등산을 ___ 갔어요. 오늘은 6월 15일이에요.
_______은/는 제 생일이에요. 친구들과 같이 생일파티를 _______________.
이번 주말에는 서울 여행을 ___________________.

다음 글을 읽고 괄호 안에 들어갈 알맞은 말을 쓰십시오.

9.

저는 (   ). 하지만 제 한국 친구는 태권도를 할 수 있어요. 그래서 평일 오후에 친구가 저에게 태권도를 가르쳐요. 그 친구가 제 태권도 선생님이에요.

10.

지난주 수요일부터 일요일까지 휴가였어요. 제주도에 가서 여행을 했어요. 청주공항에서 비행기를 타고 갔어요. 청주에서 제주도까지는 1시간쯤 걸렸어요. 제주도 날씨는 좋지 않았어요. 비가 왔어요. 저는 먼저 한라산 구경을 하고 바다에 갔어요. 하지만 (   ) 수영은 못 했어요. 그리고 제주도의 흑돼지가 맛있어서 흑돼지를 먹었어요. 제주도 여행은 정말 재미있었어요.

듣기

다음을 듣고 이어질 말을 고르십시오.

1.

① 9시예요. ② 9시까지 수업해요.

③ 9시부터 시작해요. ④ 9시까지 시작해요.

다음은 무엇에 대해 말하고 있습니까?

2.

① 시간 ② 숫자 ③ 날짜 ④ 나이

다음을 듣고 대화 내용과 같은 것을 고르십시오.

3.

① 여자는 남자와 같이 친구를 만납니다.

② 여자는 주말에 혼자 쇼핑을 할 겁니다.

③ 여자는 쇼핑을 하고 영화를 볼 겁니다.

④ 여자는 영화 표가 없어서 영화를 못 봅니다.

다음을 듣고 대화 내용과 **다른 것**을 고르십시오.

4.

① 기숙사에 부엌이 있습니다.

② 기숙사에서 저녁을 먹지 않았습니다.

③ 기숙사에서 음식을 만들 수 있습니다.

④ 기숙사에서 텔레비전을 볼 수 있습니다.

읽기

다음은 피터 씨의 이야기입니다. 잘 읽고 물음에 답하십시오.

저는 올해 9월에 한국에 왔어요. 지금 충북대학교에서 공부를 해요. 월요일부터 금요일까지 한국어 수업이 있어요. 매일 오전 9시부터 1시까지 한국어 수업을 받고 점심을 먹어요. 오후에는 수업이 끝나고 한국 친구를 만나요. 친구와 같이 한국어 숙제를 해요. 저녁에는 밥을 먹고 텔레비전을 봐요. 주말에는 한국어 수업이 없어서 시간이 많아요. 그래서 저는 친구들과 같이 운동을 해요. 하지만 이번 주말에는 다리가 아파서 운동을 못 해요. 그래서 기숙사에서 컴퓨터 게임을 하고 한국 음식도 만들 거예요.

1. 이번 주말에 피터 씨는 무엇을 합니까?
① 운동 ② 숙제 ③ 한국어 수업 ④ 컴퓨터 게임

2. 다음 중 글의 내용과 **다른 것**을 고르십시오.
① 오후에 혼자 한국어 숙제를 해요.
② 이번 주말에는 운동을 하지 못해요.
③ 한국어 수업은 오전과 오후에 있어요.
④ 이번 주말에 한국 음식을 먹을 거예요.

다음을 읽고 물음에 답하십시오.

지난주에 수업이 없어서 친구들과 함께 부산에 갔습니다. 오전에는 해운대에 가서 수영을 했습니다. 제 친구는 수영을 못 해서 제가 수영을 가르쳤습니다. 오후에는 자갈치 시장에 갔습니다. 생선이 많이 있었습니다. 생선회를 먹고 기차를 타고 집에 왔습니다.

3. 글의 내용과 **다른 것**을 고르십시오.
① 기차를 타고 돌아왔어요.
② 저는 수영을 할 수 있어요.
③ 친구와 같이 해운대와 자갈치 시장에 갔어요.
④ 자갈치 시장에서 물고기를 사서 집에 왔어요.

말하기

친구와 다음을 묻고 말해 봅시다.

1. 아침 8시에 무엇을 합니까?	나:
	친구:
2. 수업이 끝나고 어디에 갑니까?	나:
	친구:
3. 저녁에 무슨 일을 합니까?	나:
	친구:
4. 토요일 오전에 누구를 만납니까?	나:
	친구:
5. 새벽까지 무엇을 합니까?	나:
	친구:

친구 5명에게 다음을 물어 봅시다.

6. 작년에 어디에서 무엇을 했습니까?

7. 평소에 무엇을 자주 합니까?

8. 다음 주에 무엇을 할 겁니까?

| 매일 만나는 한국어 1 활용 |

5과 쇼핑

01. 연필이나 볼펜 있어요?

02. 김치찌개를 먹읍시다.

03. 코미디 영화를 보러 갑시다.

04. 한번 입어 보세요.

05. 복습

01 연필이나 볼펜 있어요?

어휘

1. 다음 그림을 보고 밑줄 친 곳에 알맞은 말을 쓰십시오.

1) 슈퍼 안에는 사람이 모두 5(다섯)명이 있어요.

2) 미나 씨는 ____________, ____________, ____________을/를 사요.

3) 사라 씨는 ____________, ____________, ____________을/를 샀어요.

4) 안톤 씨의 바구니에는 ____________, ____________이/가 있어요.

5) 메이린 씨의 바구니에는 __________, __________, __________이/가 있어요.

2. 지갑에 무엇이 있습니까?

1) 

2) 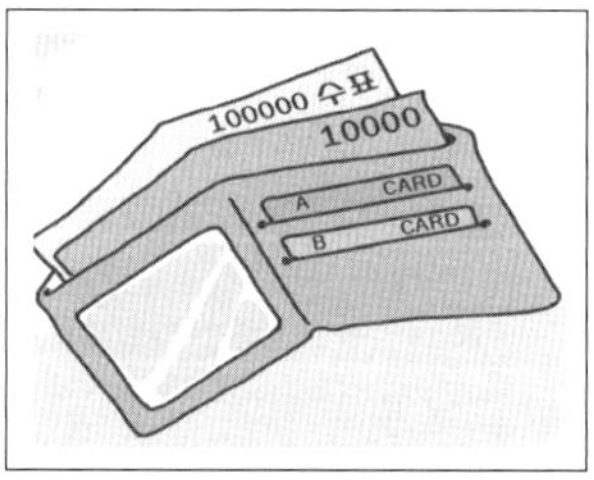

3) 

1) 동전 2) ____________ 3) ____________

3. 다음의 가격을 한국어로 쓰십시오.

 345,000원	 68,700원	 110,000원	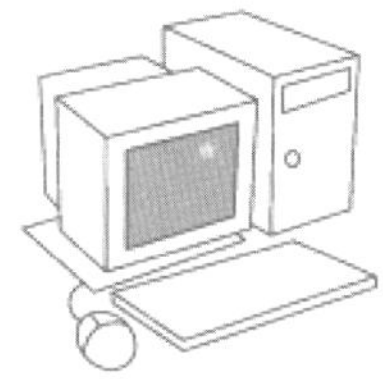 2,300,000원

4. 다음의 숫자를 읽고 한국어로 쓰십시오.

1) 제 어머니는 올해 <u>55살</u>이십니다.
　　　　　　　쉰다섯 살

2) 저는 지금 대학교 <u>3학년</u>이고 <u>23살</u>입니다.

3) 이 사전은 <u>35,000원</u>이고 두 권에 <u>칠만원</u>입니다.

4) 우리 오빠는 <u>34세</u>이고 저는 <u>20살</u>입니다.

5) 이 가방은 <u>10,200원</u>이고 저 가방은 <u>12,000원</u>입니다.

6) 우리 할아버지 연세는 <u>84살</u>이시고 할머니 연세는 <u>일흔여덟 살</u>이십니다.

5. 다음 표를 보고 밑줄 친 부분에 알맞은 단어를 골라 쓰십시오.

음악 CD	장갑	자전거	포도	컴퓨터	사진
양말	바나나	자동차	종이	운동화	맥주
장미	연필	비행기 표	커피	물	주스

1) <u>자전거</u>
　<u>컴퓨터</u> 1(한) 대
　<u>자동차</u>

2) ____________
　____________ 3(　　) 켤레
　____________

3) ____________
　____________ 7(　　) 장
　____________

4) ____________
　____________ 11(　　) 병
　____________

문법

▲ ~(이)나

1. 다음 밑줄 친 곳에 알맞은 말을 쓰십시오.

1) 저녁에 도서관이나 서점에 갈 거예요.
2) 주말에 친구와 같이 영화______ 연극을 볼 거예요.
3) 수업이 끝나고 주스______ 커피를 마실 거예요.
4) 여자 친구 생일 선물은 꽃______ 반지가 좋아요.
5) 장갑______ 양말을 살 거예요.

2. 다음 표를 보고 대화를 완성하십시오.

이름	안톤	유기에	팅란	친구
주말	운동 / 숙제	친구 / 부모님	커피 / 주스	
방학	서울 / 제주도	요리 / 수영	소설책 / 역사책	

1) 가 : 안톤 씨는 주말에 무엇을 해요?
나 : 저는 운동이나 숙제를 해요.

2) 가 : 유기에 씨는 방학에 무엇을 배울 거예요?
나 : ______________________.

3) 가 : 팅란 씨는 주말에 친구를 만나서 무엇을 할 거예요?
나 : 커피숍에 가서 ______________________.

4) 가 : 안톤 씨는 방학에 어디에 갈 거예요?
나 : ______________________.

5) 가 : ________씨는 주말에 ______________________?
나 : ______________________.

6) 가 : ________씨는 방학에 ______________________?
나 : ______________________.

▲ ~에

1. 괄호 안의 말을 사용하여 다음 대화를 완성하십시오.

1) 가 : 안톤 씨, 운동을 자주 해요?
   나 : 아니요, <u>일주일에 한 번 해요</u>. (일주일 / 1번)

2) 가 : 사라 씨는 쇼핑을 좋아해요?
   나 : 네, ____________________. (일주일 / 4번)

3) 가 : 미나 씨 학교에 몇 반이 있어요?
   나 : 모두 10반이 있어요. ____________________. (한 반 / 12명)

4) 가 : 팅란 씨, 이 책은 얼마예요?
   나 : 이 책은 ____________________. 세 권을 샀어요. (한 권 / 8,500원)

5) 가 : 음료수는 얼마예요?
   나 : 음료수는 ____________________. (한 병 / 750원)
   가 : 그럼, 5병 주세요.

6) 가 : 충북대학교 한국어 과정은 몇 주예요?
   나 : ____________________. (한 학기 / 10주)

2. 다음 표를 보고 문장을 완성하십시오.

월	화	수	목	금
한국어 수업	한국어 수업	한국어 수업	한국어 수업	한국어 수업
	운동		운동	운동
소설책		소설책		영화

1) 한국어 수업은 <u>일주일에 다섯 번을 해요</u>.

2) 운동은 ____________________.

3) 소설책은 ____________________.

4) 영화는 ____________________.

▲ -아/어/여 주다.

1. 다음 표를 완성하십시오.

기본형	-아/어/여 주다	기본형	-아/어/여 주다
가다	가 주다	쓰다	
오다		모으다	
만나다		읽다	
보다		씻다	
사귀다		앉다	
가르치다		닫다	
열다		듣다	
놀다		청소하다	
만들다		노래하다	

2. 다음 그림을 보고 문장을 완성하십시오.

1)

교실 좀 청소해 주세요.

2)

미나 씨가 피아노를 정말 잘 쳐요.
저에게 피아노를 ________________.

3) 

마이클 씨가 요리사예요.
맛있는 한국 요리를 ______________.

4) 

지금 공부를 해요.
좀 ______________________.

3. 다음 표를 완성하고 문장으로 쓰십시오.

	상황	부탁
1	책이 많아요.	들어 주다
2	창문을 열 수 없어요.	
3	컴퓨터가 고장이에요.	
4	아이가 잠을 못 자요.	
5		

1) <u>책이 많아서 들어 주었어요</u>.
2) 창문을 열 수 없어서 ______________________.
3) ______________________.
4) ______________________.
5) ______________________.

02 김치찌개를 먹읍시다.

어휘

1. 다음을 읽고 보기에서 알맞은 것을 골라 쓰십시오.

떡볶이	삼계탕	떡국	생선회	스파게티	피자	김밥

1) (스파게티)와 (피자)는 이탈리아 음식입니다.
2) (   )은/는 아주 맵습니다. 하지만 아이들이 좋아합니다.
3) 친구들과 놀이공원에 갑니다. 우리는 같이 (   )을/를 먹습니다.
4) 여름에는 (   )을/를 먹습니다. 이 음식은 건강에 좋습니다.
5) 설날에 한국 사람들은 (   )을/를 먹습니다.
6) 이 음식은 (   )입니다. 생선을 요리하지 않고 먹습니다.

2. 다음을 읽고 관계 있는 것끼리 연결하십시오.

1) 김치, 고추 •	• 짜다
2) 간장, 소금 •	• 시다
3) 설탕, 사탕 •	• 맵다
4) 레몬, 식초 •	• 달다

문법

▲ -(으)ㄹ까요?

1. 다음 표를 완성하십시오.

기본형	-(으)ㄹ까요?	기본형	-(으)ㄹ까요?
가다	갈까요?	듣다	
오다		읽다	
쓰다		닫다	
만나다		앉다	
열다		입다	
만들다		노래하다	
좋다		크다	
나쁘다		예쁘다	
많다		재미있다	

2. 다음 문장을 완성하십시오.

1) 오늘 저녁에 친구 생일 파티가 있어요. 우리 같이 <u>갈까요</u>?

2) 이 공원이 정말 예뻐요. 우리 여기서 사진을 ______________?

3) 숙제가 너무 많아서 혼자 할 수 없어요. 같이 ______________?

4) 이번 주말에 무엇을 할 거예요? 우리 놀이공원에서 ______________?

5) 내일 모임에 저 옷을 입고 이 구두를 ______________?

6) 애정 영화는 재미없었어요. 코미디 영화는 ______________?

7) 오늘 제임스 씨가 일이 많아서 많이 ______________?

▲ -(으)ㅂ시다.

1. 다음 표를 완성하십시오.

기본형	-(으)ㅂ시다	기본형	-(으)ㅂ시다
가다	갑시다	읽다	
쓰다		듣다	
만나다		앉다	
팔다		찍다	
만들다		숙제하다	

2. 다음 그림을 보고 문장으로 쓰십시오.

1)

같이 운동을 합시다.

2)

______________________________.

3)

______________________________.

3. 다음 대화를 완성하십시오.

1) 가 : 이 사과가 좋아요. 이것을 살까요?
나 : 좋아요. 그 사과를 삽시다.

2) 가 : 수지 씨, 오후에 같이 과자를 만들까요?
나 : 그래요, ______________________________.

3) 가 : 나타샤 씨, 도서관에 가서 책을 읽을까요?
나 : 네, 같이 가서 ________________________.

4) 가 : 팅란 씨는 무엇을 좋아해요?
나 : 저는 음악을 좋아해요.
가 : 저도 음악을 좋아해요. 같이 ______________________.

5) 가 : 민수 씨, 오후에 무엇을 할 거예요?
나 : 기숙사에서 쉴 거예요.
가 : 그럼, 우리 테니스를 칠까요?
나 : ____________________________________.

4. 다음을 대화를 읽고 맞는 것을 고르십시오.

1) 가 : 이번 주말에 날씨가 좋을까요?
나 : 걱정하지 마세요. 날씨가 (좋읍시다 / 좋을 거예요).

2) 가 : 나타샤 씨가 내일 학교에 올까요?
나 : 글쎄요. 아마 (오세요 / 올 거예요).

3) 가 : 제가 너무 뚱뚱해요. 어떻게 할까요?
나 : 매일 아침에 (운동하세요 / 운동할 거예요).

4) 가 : 미나 씨, 지금 팅란 씨가 교실에 있을까요?
나 : 네. (계세요 / 있을 거예요).

5) 가 : 오후에 집에서 떡볶이를 만들까요?
나 : 좋아요. 같이 (만듭시다 / 만들 거예요).

▲ -지만

1. 다음을 한 문장으로 만드십시오.

1) 제 동생은 김밥을 먹어요. / 저는 떡볶이를 먹어요.
→ 제 동생은 김밥을 먹지만 저는 떡볶이를 먹어요.

2) 저 컴퓨터가 좋아요. / 컴퓨터가 비싸요.
→ ______________________________.

3) 제임스 씨는 음악을 들어요. / 크리스 씨는 영화를 봐요.
→ ______________________________.

4) 저는 키가 커요. / 농구를 못해요.
→ ______________________________.

5) 어제는 시내에 갔어요. / 오늘은 친구를 만나요.
→ ______________________________.

6) 영화가 재미있어요. / 영화가 너무 길어요.
→ ______________________________.

7) 제 친구는 성격이 나빠요. / 예뻐요.
→ ______________________________.

8) 어머니는 요리를 할 수 있어요. / 저는 요리를 할 수 없어요.
→ ______________________________.

9) 편지를 썼어요. / 보내지 않았어요.
→ ______________________________.

10) 지난주에는 일이 많았어요. / 이번 주에는 시간이 많아요.
→ ______________________________.

2. 다음 표를 보고 문장을 완성하십시오.

	사라	사라 씨의 동생
강아지	×	○

1) 사라 씨는 강아지를 싫어하지만 동생은 강아지를 좋아해요.

	안톤	준석
수영	○	×

2) 안톤 씨는 ________________________________.

	팅란	메이린
김치	○	×

3) 팅란 씨는 ________________________________.

	말하기	쓰기
한국어 점수	95	40

4) 한국어 말하기는 ________________________________.

	준석	나타샤
	×	○

5) 준석 씨는 ________________________________.

	나	친구

6) ____.

03 코미디 영화를 보러 갑시다.

어휘

1. 다음 그림을 보고 알맞은 단어를 쓰십시오.

슬프다			

			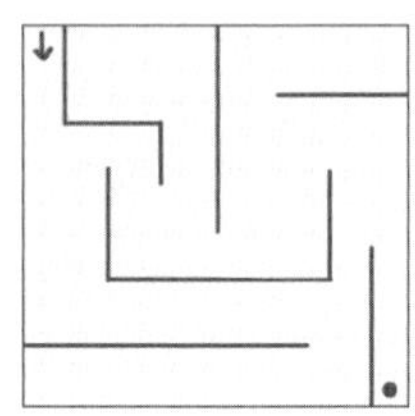

2. 다음 보기에서 알맞은 단어를 골라 문장을 완성하십시오.

예쁘다	슬프다	무섭다	멋있다	시끄럽다	따뜻하다

1) 공포 영화는 무서워서 잘 보지 않습니다.
2) 가족 영화를 봤어요. 마음이 __________았/었/였어요.
3) 액션 영화를 봤습니다. 재미있었지만 조금 ____________았/었/였습니다.
4) 멜로 영화의 남자 주인공은 ______고 여자 주인공은 ______았/었/였어요.
5) 그 영화가 너무 __________아/어/여서 많이 울었어요.

문법

▲ -고 싶다.

1. 다음 그림을 보고 문장으로 쓰십시오.

1) 

다이어트를 하고 싶어요.

2) 

______________________.

3) 

______________________.

4) 

______________________.

2. 다음 대화를 완성하십시오.

1) 가 : 저는 이번 방학에 고향에 가서 부모님을 만날 거예요.
   나 : 그래요? 저도 고향에 가서 부모님을 만나고 싶어요.

2) 가 : 미나 씨, 어떤 책을 읽고 싶어요?
   나 : 저는 소설이 좋아요. ____________________.

3) 가 : 크리스 씨는 이번 주말에 무엇을 하고 싶어 해요?
   나 : 크리스 씨는 한국 음식을 ____________________.

4) 가 : 팅란 씨는 어느 나라로 여행 가고 싶어요?
   나 : 저는 피라미드를 볼 거예요. ____________________.

3. 다음 표를 완성하고 말하십시오.

1) 여러분이 슈퍼맨이라면 무엇을 하고 싶습니까?

나	친구
하늘을 날고 싶어요.	우주에 가고 싶어 해요.

2) 오늘 하루 여러분이 여자/남자가 된다면 무엇을 하고 싶습니까?

나	친구
치마를 입고 싶어요.	화장을 하고 싶어 해요.

4. 다음 문장을 완성하십시오.

1) 오늘 저는 ____________________.
2) 저는 이번 학기에 ____________________.
3) 제 친구는 내년에 ____________________.
4) 5년 후에 ____________________.
5) 돈이 많아요. 저는 ____________________.

▲ -(으)러 가다. / 오다.

1. 다음 대화를 완성하십시오.

1) 가 : 팅란 씨, 도서관에 왜 가요?
   나 : 책을 빌리러 도서관에 가요.

2) 가 : 미나 씨, 시내에 왜 가요?
   나 : 수업이 끝나고 영화를 ______________________.

3) 가 : 유기에 씨는 왜 한국에 왔어요?
   나 : 한국 문화를 ______________________.

4) 가 : 사라 씨, 주말에 뭘 할 거예요?
   나 : 한국 음식을 ______________________.

5) 가 : 훌랑 씨는 방학에 어디에 가요?
   나 : 언니가 몽골에 있어요. 언니를 ______________________.

2. 다음 장소에 왜 가는지 쓰십시오.

	장소	
1)	체육관	운동을 하러 체육관에 가요.
2)	우체국	______________.
3)	문구점	______________.
4)	미용실	______________.
5)	식당	______________.

3. 다음 표를 완성하고 밑줄 친 부분에 알맞은 말을 쓰십시오.

	무엇을 하고 싶어요?	어디에 가요?
1. 한국영화를 좋아해요.	한국어를 배우고 싶어요.	한국
2. 운동을 많이 했어요.	씻고 싶어요.	
3. 시험이에요.		
4. 친구 생일이에요.		

1) 저는 한국영화를 좋아해요. 그래서 한국어를 배우고 싶어요.

한국어를 배우러 한국에 왔어요.

2) 운동을 많이 했어요. ____________________.

씻으러 ____________________에 갈 거예요.

3) 내일이 시험이에요. ____________________.

____________(으)러 ____________에 가요.

4) 친구 생일이에요. ____________________.

____________(으)러 ____________에 가요.

▲ 'ㅂ' 불규칙

1. 다음 표를 완성하십시오.

기본형	-습/ㅂ니다	-아/어/여요	-았/었/였어요	-(으)ㄹ 거예요
덥다	덥습니다	더워요	더웠어요	더울 거예요
춥다				
즐겁다				
반갑다				
아름답다				
*돕다				

2. 다음 보기에서 밑줄 친 곳에 들어갈 알맞은 말을 골라 쓰십시오.

아름답다	돕다	맵다	어렵다	즐겁다

1) 시험이 <u>어려워서</u> 점수가 나빠요.

2) 가을 설악산의 단풍이 ____________아/어/여서 정말 좋아요.

3) 불고기는 맛있고 ____________지 않아요.

4) 미나 씨가 바빠서 제가 미나 씨를 ____________(으)ㄹ거예요.

5) 오늘 파티는 ____________고 재미있었어요.

3. 다음 글을 읽고 틀린 곳을 고치십시오.

어제 친구와 같이 시내에 갔어요. 날씨가 매우 <u>덥었어요</u>(더웠어요). 그래서 친구와 저는 모자를 <u>쓰었어요</u>(   ). 친구는 백화점에서 옷과 신발을 샀어요. 그리고 그 옷을 <u>이웠어요</u>(   ). 쇼핑을 하고 친구와 같이 음료수를 마시러 커피숍에 갔어요. 친구는 커피를 마시고 저는 주스를 마셨어요. 주스가 아주 <u>다았어요</u>(   ). 어제는 정말 <u>즐겁었어요</u>(   ).

04 한번 입어 보세요.

어휘

1. 다음 사람들은 무엇을 입었습니까?

1) 

2) 

3) 

남자 정장, 와이셔츠 ________________ ________________

4) 

5) 

6) 

________________ ________________ ________________

2. 여러분은 오늘 무슨 옷을 입었습니까?

저는 오늘 ____.

문법

▲ -(으)니까

1. 다음 밑줄 친 곳에 알맞은 말을 쓰십시오.

1) 길이 <u>미끄러우니까</u> 조심하세요.
2) 머리가 ____________ 이 약을 드세요.
3) 오후에 손님이 ____________ 청소를 합시다.
4) 시험이 ________________ 열심히 공부하세요.
5) 은행이 4시에 문을 ______________ 빨리 갑시다.
6) 저 가게에서 자전거를 ___________ 저기에서 삽시다.

2. 다음 그림을 보고 문장으로 쓰십시오.

1)

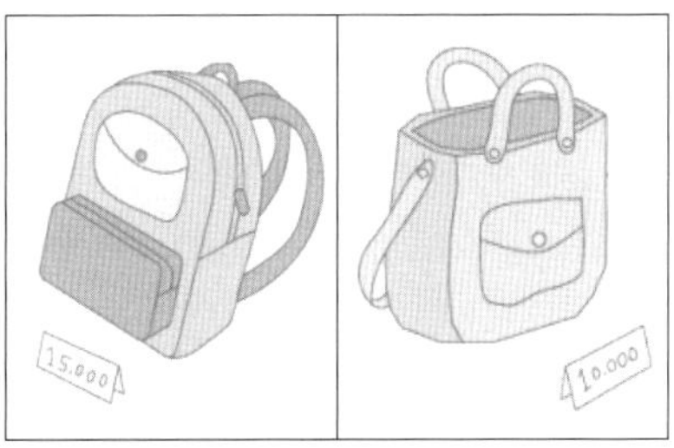

<u>이 가방이 싸니까 이 가방을 사세요</u>.

2)

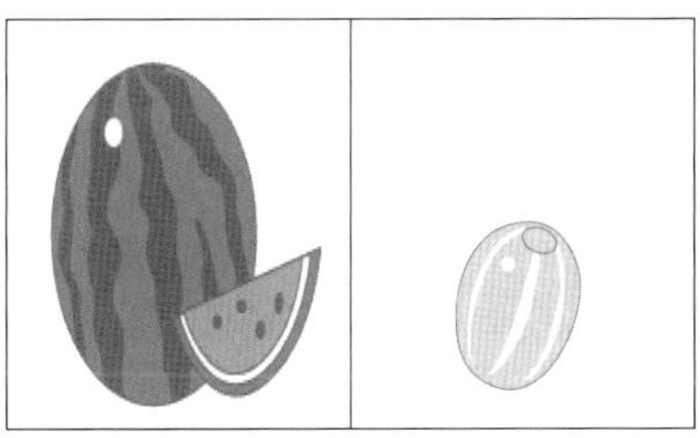

______________________________.

3)

______________________________.

3. 다음 대화를 완성하십시오.

1) 가 : 같이 음악을 들을까요?
나 : 아니요, 동생이 공부하니까 조용히 합시다.

2) 가 : 선물을 어디에서 살까요?
나 : 지금 ______________ 백화점에서 삽시다.

3) 가 : 영희 씨 생일에 무슨 선물을 살까요?
나 : 가방을 ________________ 가방을 사세요.

4) 가 : 왜 창문을 닫아요?
나 : 바람이 불어서 ____________________ 창문을 닫았어요.

5) 가 : 에릭 씨는 왜 김치를 안 먹어요?
나 : ____.

4. 다음을 읽고 맞는 것을 고르십시오.

1) 비가 (와서 / 오니까) 우산을 가지고 가세요.

2) 배가 (아파서 / 아팠으니까) 약을 사러 약국에 가요.

3) (늦어서 / 늦으니까) 죄송합니다.

4) 시간이 (없어서 / 없으니까) 택시를 탑시다.

5) 공부를 열심히 (했어서 / 했으니까) 1등을 할 거예요.

▲ –아/어/여 보다.

1. 다음 밑줄 친 곳에 알맞은 말을 쓰십시오.

1) 사라 씨도 김밥을 만들 수 있어요. 한번 <u>만들어 보세요</u>.
2) 갈색 모자가 예뻐요. 그 모자를 ________________.
3) 제주도가 정말 아름다워요. 한번 ________________.
4) 샤오핑 씨, 한국 노래를 ________________.
5) 이 의자가 정말 좋아요. 여기에 ________________.

2. 다음 보기에서 알맞은 것을 골라 대화를 완성하십시오.

읽다	배우다	전화하다	입다	만나다

1) 가 : 한국어를 잘하고 싶어요. 어떻게 할까요?
나 : 그럼, 한국 노래를 <u>배워 보세요</u>.

2) 가 : 약속 시간이 지났지만 친구가 오지 않아요.
나 : 친구에게 ________________.

3) 가 : 이 옷이 마음에 들어요. 어디에서 ________________?
나 : 저기 탈의실에 가서 ________________.

4) 가 : 사라 씨, 그 소설책이 재미있어요?
나 : 네, 유기에 씨도 한번 ________________.

5) 가 : 미나 씨, 제 친구가 성격이 좋으니까 한번 ________________.
나 : 그래요? 알겠어요.

3. 다음을 연결하여 한 문장으로 만드십시오.

1)

안경이 더럽다.	수건으로 닦다.

안경이 더러우니까 수건으로 닦아 보세요.

2)

머리가 너무 길다.	머리를 깎다.

____.

3)

과자를 만들다.	먹다.

____.

4)

교실이 어둡다.	불을 켜다

____.

5)

피아노를 잘 치다.	피아노를 치다.

____.

4. 친구의 고민입니다. 해결해 주십시오.

고민	해결
선생님을 만나고 싶지만 없어요.	조금 기다려 보세요.
새 신발이어서 발이 아파요.	
숙제가 너무 어려워요.	
한국어 발음이 안 좋아요.	

▲ -(으)ㄴ

1. 다음 표를 완성하십시오.

기본형	-(으)ㄴ	기본형	-(으)ㄴ
예쁘다	예쁜	좋다	
바쁘다		적다	
슬프다		많다	
힘들다		*재미있다	
행복하다		*맛없다	

2. 다음 그림을 보고 알맞은 말을 쓰십시오.

1) 

아픈 사람

2) 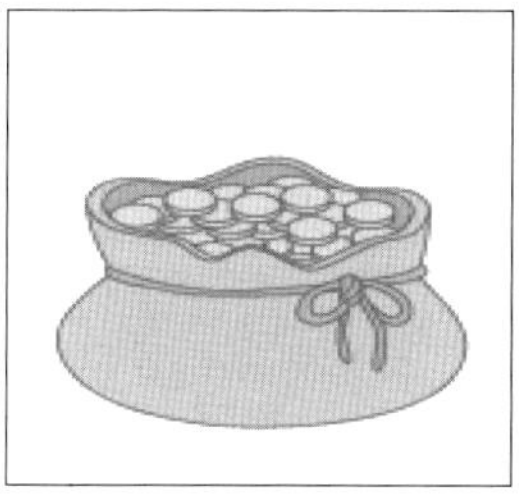

____

3) 

____

3. 다음을 연결하고 문장을 만드십시오.

1) 많다 •	• 우리 집입니다.
2) 행복하다 •	• 음식을 먹으러 가요.
3) 길다 •	• 사람이 왔어요.
4) 크다 •	• 머리를 자르고 싶어요.
5) 맛있다 •	• 옷을 바꿀 거예요.

1) 많은 사람이 왔어요.

2) ________________________________.

3) ________________________________.

4) ________________________________.

5) ________________________________.

05 복습

어휘

다음을 읽고 밑줄 친 곳에 들어갈 알맞은 말을 골라 쓰십시오.

이메일	봉투	예전	재래시장	여러	힘들다	슬프다	유학
간단하다	복잡하다	시키다	어둡다	넣다	빌리다	귀엽다	

1. 요즘은 많은 사람들이 편지를 쓰지 않고 인터넷으로 ______을/를 보내요.
2. 불을 끄니까 방이 __________아/어/여서 다시 불을 켰어요.
3. _________에는 시골에 사람이 많았지만 요즘은 사람이 적어요.
4. 식당에서 스파게티와 샐러드를 ______________(으)세요.
5. 어제 일이 많아서 새벽 2시까지 회사에서 일했어요. 정말 _____았/었/였어요.
6. 제 친구는 캐나다로 영어 공부를 하러 _________을/를 갔어요.
7. 수업이 끝나고 책을 가방에 __________았/었/였어요.
8. 우리 반 교실에는 ________ 나라 학생들이 있습니다.
9. 출퇴근 시간에는 차가 많아서 길이 아주 _______________아/어/여요.
10. 멜로 영화가 _________아/어/여서 많이 울었어요.
11. 저 아이는 ___________고 예뻐서 친구들이 많아요.
12. 이 문제는 ____________(으)니까 빨리 풀 수 있어요.
13. 이 양말과 장갑을 모두 여기 _________에 넣어 주세요.
14. 마트나 백화점은 비싸지만 ____________은/는 싸요.
15. 도서관에서 한국어 책과 잡지를 ___________아/어/여서 보세요.

어휘/문법

다음을 읽고 괄호 안에 들어갈 말을 고르십시오.

1. 이 운동화는 한 켤레에 78,000원이에요. 저는 80,000원을 주었어요.
   (　　　　　)은/는 2,000원이에요.

   ① 수표　　② 현금　　③ 동전　　④ 거스름돈

2. 식혜는 한국의 ( ) 전통 음료수예요.

① 복잡하다 ② 유명하다 ③ 심심하다 ④ 힘들다

3. ( ) 유기에 씨가 전화했어요.

① 이따가 ② 나중에 ③ 아까 ④ 아주

다음 중 맞는 문장을 고르십시오.

4.

① 겨울에 설악산이 아름다워요.
② 동생의 모자가 정말 예뻐었어요.
③ 이 가게에서 청바지를 팔습니다.
④ 친구가 파란색 원피스를 이웠어요.

5.

① 내일이 시험이어서 공부하세요.
② 머리가 아팠아서 약을 먹었어요.
③ 지금은 바쁘니까 이따가 옵시다.
④ 이 일을 도와주니까 고맙습니다.

다음 문법을 사용하여 대화를 완성하십시오.

-(으)러 가다/오다	에	-(으)ㄴ	-아/어/여 주다

6. 미나 : 소피아 씨, 그 카디건이 정말 예뻐요. 좀 보여 주세요.
소피아 : 고마워요. 어제 백화점에서 샀어요.
________ 35,000원이어서 두 벌을 샀어요.
미나 : 저도 어제 친구 선물을 _______ 백화점에 갔어요.
하지만 그 옷은 없었어요.
소피아 : 어제 백화점에서 _________ 사람들이 이 카디건을 샀어요.
미나 : 사람들이 그렇게 많았어요?
소피아 : 네, 사람들이 많아서 정말 복잡했어요.

쓰기

다음을 읽고 이어질 말로 **맞지 않는 것**을 고르십시오.

1. 가 : 이번 주 토요일에 무엇을 할까요?
   나 : ________________________________.

① 안톤과 같이 등산을 갑시다　　② 도서관에 가서 책을 읽으세요
③ 안톤을 만나서 운동합시다　　④ 도서관에 가서 공부할 거예요

다음 단어를 사용하여 문장을 만드십시오.

2.

원피스 / 싸다 / 정장 / 비싸다

____

3.

오늘 / 바쁘다 / 내일 / 만나다

____

4.

갈비탕 / 맛있다 / 한번 / 먹다

____

다음 글을 읽고 여러분 나라의 전통 옷에 대해 쓰십시오.

5.

한국의 전통 옷은 한복입니다. 한복은 한국 사람들이 명절이나 결혼식에 입습니다. 설날이나 추석에 한복을 입고 어른들께 인사를 합니다. 그리고 결혼식에서 신랑, 신부도 입습니다. 여자 한복의 치마는 빨간색이 많습니다. 많은 신부들이 빨간색 한복 치마를 입습니다.

________의 전통 옷은 ________________________________

____

____

____

____

듣기

다음을 듣고 맞는 것을 고르십시오.

1. 여기는 어디입니까?

① 식당 ② 영화관

③ 시장 ④ 운동장

다음을 듣고 맞는 것을 고르십시오.

2.

① 여기는 시장입니다.

② 만두는 가지고 갑니다.

③ 모두 14,000원입니다.

④ 이 사람은 비빔밥과 만두를 먹었습니다.

다음을 듣고 맞는 것을 고르십시오.

3.

① 수지 씨는 애정 영화를 좋아해요.

② 수지 씨는 추리 영화를 보고 싶어요.

③ 안톤 씨는 혼자 애정 영화를 볼 거예요.

④ 수지 씨와 안톤 씨는 추리 영화를 싫어해요.

읽기

다음을 읽고 맞는 것을 고르십시오.

1.

세일 기간

① 물건이 없습니다.
② 물건을 살 수 없습니다.
③ 물건을 싸게 살 수 있습니다.
④ 물건이 매우 비쌉니다.

2.

주말 : 짜장면(1) 4,500원 → 짜장면(2) 8,000원

① 주말에 짜장면을 먹을 수 있습니다.
② 월요일에는 짜장면을 먹을 수 없습니다.
③ 일요일에는 반드시 짜장면을 먹습니다.
④ 토요일에는 짜장면 2그릇에 팔천 원입니다.

다음 글을 읽고 물음에 답하십시오.

> 오늘은 남자 친구와 데이트가 있는 날입니다. 저는 보라색 블라우스를 입고 하얀색 치마를 입었고 남자 친구는 반바지와 파란색 남방을 입었습니다. 우리는 멜로 영화를 봤습니다. 영화가 너무 슬퍼서 저는 울었습니다. 남자 친구는 울지 않았습니다. 영화가 끝나고 우리는 점심을 먹으러 식당에 갔습니다. 남자 친구는 ___㉠___ 비빔밥을 먹고 저는 ___㉡___ 된장찌개를 먹었습니다. 저도 비빔밥을 먹고 싶었지만 매워서 먹을 수 없었습니다. 오늘은 정말 즐거운 날이었습니다.

3. ㉠, ㉡에 들어갈 알맞은 것을 고르십시오.
① 신 - 시지 않은
② 단 - 달지 않은
③ 매운 - 맵지 않은
④ 쓴 - 쓰지 않은

4. 글의 내용과 같은 것을 고르십시오.
① 우리는 한식을 먹었습니다.
② 점심을 먹고 영화를 봤습니다.
③ 비빔밥과 된장찌개는 매웠습니다.
④ 영화가 슬퍼서 우리는 울었습니다.

말하기

다음을 친구에게 묻고 말해 봅시다.

1.

한국에서 무엇을 하고 싶습니까?	
대답	

2.

여러분은 고향에 갈 거예요. 무엇을 볼 겁니까?	
대답	

3.

남자/여자 친구와 데이트하러 어디에 갑니까?	
대답	

4.

우리 반에서 가장 좋은 친구는 누구입니까? 이유는 무엇입니까?	
대답	

5.

친구의 모습을 이야기해 보십시오.	
대답	

| 매일 만나는 한국어 1 활용 |

듣기 지문

듣기 지문

1과 발음

▶ 모음 1

2. 다음을 잘 듣고 쓰십시오.

1) 어	2) 외	3) 위	4) 이	5) 아	6) 으	7) 우	8) 애	9) 오이	10) 아이

3. 다음을 잘 듣고 맞는 글자에 O 표를 하십시오.

1) 어	2) 오	3) 에	4) 으	5) 위	6) 애	7) 우	8) 외

4. 다음을 잘 듣고 맞으면 O 표를, 틀리면 X 표를 하십시오.

1) 오	2) 어	3) 이	4) 위	5) 애	6) 으	7) 아	8) 우	9) 어이	10) 우이

▶ 자음 1

2. 다음을 잘 듣고 맞는 것에 O 표를 하십시오.

1) 쥐	2) 코	3) 차	4) 거위	5) 우리	6) 고기	7) 파도
8) 나무	9) 무리	10) 후추	11) 치즈	12) 투수	13) 매우	14) 카레

▶ 모음 2 (이중 모음)

2. 다음을 잘 듣고 쓰십시오.

1) 시계	2) 교과서	3) 유쾌	4) 웨이브	5) 여자
6) 요리사	7) 의사	8) 샤워	9) 야구	10) 돼지

3. 다음을 잘 듣고 알맞은 것을 고르십시오.

1) 왜	2) 폐	3) 효	4) 워	5) 려

4. 다음을 잘 듣고 맞는 글자에 O 표를 하십시오.

1) 돼지	2) 우려	3) 세계	4) 교회	5) 의자
6) 외과	7) 과도	8) 교차	9) 유료	10) 자유

6. 다음을 잘 듣고 맞으면 ○ 표를, 틀리면 X 표를 하십시오.

1) 야유 2) 예의 3) 회의 4) 오보 5) 휴가 6) 세계

▸ **자음 2 (겹자음)**

2. 다음을 잘 듣고 쓰십시오.

1) 토끼	2) 또래	3) 오빠	4) 싸우다
5) 짜리	6) 쓰다	7) 까다	8) 뼈다귀

3. 다음을 잘 듣고 알맞은 것을 고르십시오.

1) 짜 2) 꺼 3) 뼈 4) 쮸 5) 꽤

4. 다음을 잘 듣고 맞는 글자에 O 표를 하십시오.

1) 아빠	2) 토끼	3) 차키	4) 고리
5) 꼬리	6) 사다	7) 짜다	8) 치다

6. 다음을 잘 듣고 맞으면 ○ 표를, 틀리면 X 표를 하십시오.

1) 쪼다 2) 빼다 3) 지르다 4) 까마귀 5) 찌다 6) 깨지다

▶ **복습 1**

2. 다음을 잘 듣고 쓰십시오.

1) 우유	2) 버스	3) 치즈	4) 티셔츠	5) 어깨
6) 얘기	7) 빼기	8) 사과	9) 웨이터	10) 카메라

3. 다음을 잘 듣고 맞는 글자에 O 표를 하십시오.

1) 더	2) 드	3) 코	4) 오	5) 가위
6) 대다	7) 요리	8) 우리	9) 바르다	10) 쏘다

5. 다음을 잘 듣고 맞으면 O 표를, 틀리면 X 표를 하십시오.

1) 도보	2) 묘기	3) 허리	4) 여우	5) 사다	6) 깨우다

▶ **받침**

2. 다음을 잘 듣고 쓰십시오.

1) 낙지	2) 언니	3) 딸	4) 친구	5) 눈썹
6) 이름	7) 연못	8) 공책	9) 햇빛	10) 자동차

3. 다음을 잘 듣고 맞는 글자에 O 표를 하십시오.

1) 봉	2) 콩	3) 납	4) 닥	5) 맘
6) 밥	7) 기업	8) 식사	9) 창문	10) 여름

5. 다음을 잘 듣고 맞으면 O 표를, 틀리면 X 표를 하십시오.

1) 책	2) 언니	3) 악단	4) 팔	5) 연못	6) 가운

2과 복습

가 : 미나 씨는 가족이 몇 명입니까?
나 : 우리 가족은 다섯 명입니다.
가 : 오빠가 있습니까?
나 : 아니요, 오빠가 없습니다. 부모님하고 언니하고 남동생이 있습니다.
가 : 미나 씨의 언니는 학생입니까?
나 : 아니요, 언니는 학생이 아닙니다. 간호사입니다.
가 : 언니하고 동생은 몇 살입니까?
나 : 언니는 스물한 살입니다. 동생은 열다섯 살입니다.

3과 복습

1.

동건 씨와 수잔 씨가 공항에서 만납니다.

동건 : 수잔 씨, 어디에 갑니까?
수잔 : 일본에 갑니다. 동건 씨도 일본에 갑니까?
동건 : 아니요, 일본에 가지 않습니다. 제주도에 갑니다.
수잔 : 아, 그렇습니까? 동건 씨는 비행기에서 무엇을 합니까?
동건 : 음악을 듣습니다. 수잔 씨는 무엇을 합니까?
수진 : 비행기에서 잠을 잡니다.

2.

남자 : 수잔 씨의 담임선생님은 어디에 계십니까?
여자 : 소파 옆에 계십니다. 그 옆에 박 선생님이 계십니다.
남자 : 그 분들 맞은편에 누가 있습니까?
여자 : 김 선생님과 이 선생님이 계십니다.
남자 : 컴퓨터 앞에 누가 계십니까?
여자 : 오 선생님과 유 선생님이 계십니다.

3.

저는 오늘 시내에 갑니다. 시내에는 여러 건물이 있습니다.
백화점하고 커피숍이 있습니다.
영화관도 있습니다. 그 안에 식당과 가게가 있습니다. 지하에 주차장도 있습니다.
1층에는 옷 가게와 가방 가게가 있습니다. 2층에는 사무실이 있습니다.
영화는 3층에서 봅니다.

4과 복습

1.

가 : 수업은 몇 시에 시작해요?
나 : ______________________________

2.

가 : 지금 몇 시예요?
나 : 2시 반이에요.

3.

남 : 주말에 뭐 할 거예요?
여 : 친구를 만나서 쇼핑을 할 거예요.
남 : 영화도 볼 거예요?
여 : 아니요, 영화 표를 못 사서 영화는 볼 수 없어요.

4.

남 : 어디에서 저녁을 먹었어요?
여 : 기숙사에서 요리를 해서 먹었어요.
남 : 기숙사에서 요리를 할 수 있어요?
여 : 네, 부엌이 있어서 할 수 있어요.
남 : 저녁을 먹고 뭐 했어요?
여 : 저녁을 먹고 텔레비전을 봤어요.

5과 복습

1.

가 : 안녕하세요? 영화 '아리랑' 표가 있어요?
나 : 네, 3시 반 표가 있습니다. 몇 분이세요?
가 : 학생 두 명입니다.
나 : 좌석 번호는 H 8, 9번이고 모두 18,000원입니다.

2.

가 : 어서 오세요. 여기 앉으세요. 무엇을 드시겠어요?
나 : 비빔밥 2인분하고 만두 1인분 주세요. 비빔밥은 먹고 갈 거예요.
만두는 포장해 주세요.
가 : 알겠습니다. 모두 13,000원입니다.

3.

수지 : 안톤 씨, 이번 주말에 영화를 보러 갑시다.
안톤 : 좋아요. 수지 씨, 무슨 영화를 볼까요?
수지 : 애정 영화는 슬퍼서 싫으니까 추리 영화를 봅시다.
안톤 : 좋아요.

| 매일 만나는 한국어 1 활용 |

모범 답안

모범 답안

1과 발음

▸ 모음 1

2. 1) 어 2) 외 3) 위 4) 이 5) 아 6) 으 7)우 8) 애 9) 오이 10) 아이
3. 1) 어 2) 오 3) 에 4) 으 5) 위 6) 애 7) 우 8) 외
4. 1) ○ 2) X 3) X 4) X 5) ○ 6) ○ 7) X 8) ○ 9) X 10) X

▸ 모음 1 / 자음 1

2. 1) 쥐 2) 코 3) 차 4) 거위 5) 우리
   6) 고기 7) 파도 8) 나무 9) 무리 10) 후추
   11) 치즈 12) 투수 13) 매우 14) 카레
3. 1) 다리 2) 사자 3) 지도 4) 카메라 5) 모자
4. 1) 나무 2) 라디오 3) 어머니 4) 지우개 5) 비누
   6) 포도 7) 외투 8) 아기 9) 호수 10) 다리

▸ 모음 2 (이중 모음)

2. 1) 시계 2) 교과서 3) 유쾌 4) 웨이브 5) 여자
   6) 요리사 7) 의사 8) 샤워 9) 야구 10) 돼지
3. 1) ④ 2) ① 3) ④ 4) ③ 5) ②
4. 1) 돼지 2) 우려 3) 세계 4) 교회 5) 의자
   6) 외과 7) 과도 8) 교차 9) 유료 10) 자유
5. 1) 야구 2) 시계 3) 과자 4) 의사 5) 샤워
6. 1) X 2) ○ 3) ○ 4) X 5) X 6) ○

▸ 자음 2 (겹자음)

2. 1) 토끼 2) 또래 3) 오빠 4) 싸우다
   5) 짜리 6) 쓰다 7) 까다 8) 뼈다귀
3. 1) ② 2) ④ 3) ① 4) ③ 5) ①
4. 1) 아빠 2) 토끼 3) 차키 4) 고리
   5) 꼬리 6) 사다 7) 짜다 8) 치다
5. 1) 짜다 2) 뽀뽀 3) 까치 4) 쓰기 5) 따오기
6. 1) X 2) ○ 3) X 4) ○ 5) ○ 6) ○

▶ 복습 1

2. 1) 우유　2) 버스　3) 치즈　4) 티셔츠　5) 어깨
　6) 얘기　7) 빼기　8) 사과　9) 웨이터　10) 카메라

3. 1) 더　2) 드　3) 코　4) 오　5) 가위
　6) 대다　7) 요리　8) 우리　9) 바르다　10) 쏘다

4. 1) 오이　2) 지도　3) 시계　4) 웨이터　5) 쓰기

5. 1) X　2) ○　3) ○　4) X　5) X　6) ○

6. 2) 아빠　3) 사과　4) 머리　5) 호수　6) 김치　7) 토끼　8) 포도

▶ 받침

2. 1) 낙지　2) 언니　3) 딸　4) 친구　5) 눈썹
　6) 이름　7) 연못　8) 공책　9) 햇빛　10) 자동차

3. 1) 봉　2) 콩　3) 납　4) 닥　5) 맘
　6) 밥　7) 기업　8) 식사　9) 창문　10) 여름

4. 1) 가방　2) 컵　3) 과일　4) 음료수　5) 꽃

5. 1) ○　2) X　3) X　4) ○　5) ○　6) X

▶ 복습 2

1.

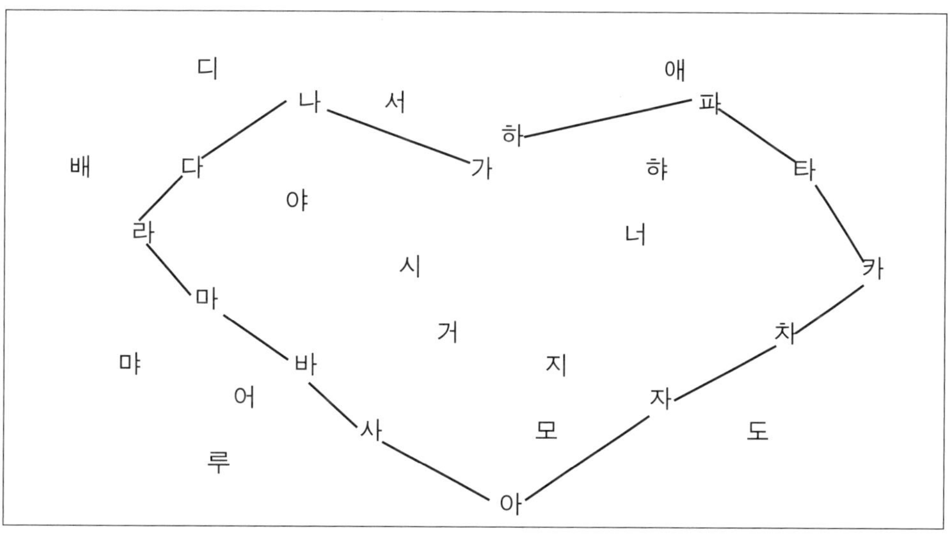

2. 아이 / 잎 / 타조 / 팔 / 의자

3. 치과 / 김치 / 오이 / 까치 / 의사 / 파 / 과일 / 오리 / 파이 …

2과 인사와 소개

01

▶ 어휘

1. 2) 죄송합니다.
   3) 만나서 반갑습니다.
   4) 안녕히 계십시오.
   5) 어서 오세요.
   6) 실례합니다.

2. 2) 중국
   3) 캐나다
   4) 미국
   5) 영국
   6) 스위스

3. 2) 프랑스 사람
   3) 몽골 사람
   4) 일본 사람
   5) 이집트 사람
   6) 그리스 사람

4. 2) 경찰
   3) 가수
   4) 기자

▶ 문법

~입니까? /~입니다.

1. 2) 건축가입니까?
   3) 학생입니까? / 학생입니다.
   4) 군인입니다.
   5) 몽골 사람입니까? / 네, 몽골 사람입니다.
   6) 기자입니까? / 아니요, 운동선수입니다.

~은/~는

1. 2) 은
   3) 는
   4) 는
   5) 은
   6) 는
   7) 은
   8) 는

2. 2) 준코는 가수입니다.
   3) 엥흐마는 학생입니다.
   4) 미카엘은 요리사입니다.
   5) 팅란은 기자입니다.

3. 2) 로띠 씨는 영국 사람입니까?
   건축가입니까?
   3) 이사벨 씨는 미국 사람입니까?
   미국 사람입니다.
   영어 선생님입니다.
   4) 소피아 씨는 호주 사람입니까?
   네, 호주 사람입니다.
   배우입니까?
   배우입니다.
   5) 뉴턴은 캐나다 사람입니까?
   아니요, 영국 사람입니다.
   건축가입니까?
   아니요, 과학자입니다.

02

▶ 어휘

1. 2) 가방
   3) 컵
   4) 창문
   5) 안경
   6) 볼펜

2. 책상, 의자, 지도, 컴퓨터, 가방, 연필, 공책, 책, 지우개, 모자, 안경, 우유, 달력, 구두, 볼펜, 필통, 휴지, 창문

3. 2) 비누
   3) 나무
   4) 선풍기
   5) 양말

▶ 문법

이것/그것/저것

1. 2) 이것은 필통입니다.
   3) 이것은 에어컨입니다.
   4) 무엇입니까?
      저것은 선풍기입니다.
   5) 그것은 무엇입니까?
      안경입니다.

2. 2) 이것은 칠판입니다.
   3) 열쇠입니다.
   4) 이것은 무엇입니까?
      달력입니다.
   5) 저것은 무엇입니까?
      저것은 연필입니다.

3. 2) 네, 간호사입니다.
   3) 운동선수입니다.
   4) 이 사람은 누구입니까?
      경찰입니다.
   5) 이 사람은 요리사입니까?
      네, 요리사입니다.

~이/~가 아닙니다.

1. 2) 가
   3) 이
   4) 가
   5) 이

2. 2) 선생님이 아닙니다.
3) 아니요, 요리사가 아닙니다.
4) 과학자입니까?
과학자가 아닙니다.
5) 한국어 사전입니까?
아니요, 한국어 사전이 아닙니다.
6) 고양이입니까?
아니요, 고양이가 아닙니다.

3. 2) 그것은 컵이 아닙니다. 화분입니다.
3) 그것은 볼펜이 아닙니다. 칠판입니다.
4) 그것은 지도가 아닙니다. 달력입니다.
5) 그것은 화분이 아닙니다. 쓰레기통입니다.
6) 그것은 창문이 아닙니다. 문입니다.
7) 그것은 머리가 아닙니다. 모자입니다.
8) 그것은 의사가 아닙니다. 의자입니다.
9) 그것은 옷이 아닙니다. 가방입니다.
10) 그것은 연필이 아닙니다. 필통입니다.

03

▸ 어휘

1. 2) 열
3) 열넷
4) 마흔다섯
5) 예순여덟
6) 아흔둘
7) 둘
8) 스물
9) 서른셋
10) 스물아홉
11) 여든하나
12) 아흔여섯
13) 일흔
14) 쉰일곱

2. 2) 서른네 살
   3) 다섯 명

3. 1) 할아버지, 일흔여덟 살
   2) 할머니, 일흔두 살
   3) 외할머니, 일흔아홉 살
   4) 외할아버지, 여든 살
   5) 아버지, 쉰세 살
   6) 어머니, 쉰한 살
   7) 오빠, 스물여섯 살
   8) 언니, 스물네 살
   10) 남동생, 열일곱 살

▶ **문법**

~이/~가 있습니다, 없습니다.

1. 2) 가
   3) 이
   4) 가
   5) 이
   6) 이

2. 2) 볼펜이 있습니다.
   3) 책상이 없습니다.
   4) 음료수가 없습니다.
   5) 오빠가 있습니다.
   6) 누나가 있습니다.
   7) 남동생이 없습니다.

3. 2) 아버지가 있습니다.
   3) 누나가 있습니다.
   4) 여동생이 있습니다.
   6) 할아버지가 없습니다.
   8) 할머니가 없습니다.
   9) 남동생이 없습니다.

~하고

1. 2) 볼펜하고 지우개가 있습니다.
   3) 책상하고 의자가 있습니다.
   4) 달력하고 지도가 없습니다.
   5) 치약과 칫솔이 없습니다.
   6) 오빠와 여동생이 있습니다.
   7) 누나와 형이 없습니다.

2. 2) 사과하고 수박이
   3) 토미하고 준혁입니다.
   4) 한국 사람하고 인도 사람이 있습니다.
   5) 컴퓨터하고 사진이 / 카메라하고 라디오가
   6) 호랑이하고 강아지가 / 사자하고 여우입니다.

3. 컴퓨터하고 침대가 있습니다. / 지갑하고 열쇠가 있습니다. / 필통하고 사전이 있습니다. / 볼펜하고 연필이 있습니다. / 텔레비전하고 달력이 없습니다.

04

▶ 어휘

1. 2) 부엌
   3) 교실
   4) 거실
   5) 욕실
   6) 서재

2. 1) 교실
   2) 욕실
   3) 방
   4) 거실
   5) 부엌

3. 2) 치약, 칫솔, 비누, 샴푸, 수건, 세면대
   3) 책상, 의자, 책, 볼펜, 연필, 지우개, 휴지, 필통, 시계
   4) 냄비, 프라이팬, 냉장고, 숟가락, 젓가락, 국자, 칼, 그릇

▶ **문법**

~의

1. 2) 사라의 연필입니다.
   3) 저의 가족입니다.
   4) 마리의 남자친구입니다.
   5) 제 이름은 김영수입니다.
   6) 승호의 형은 22살입니다.

2. 아버지의 직업은 무엇입니까?
   동생의 나이는 몇 살입니까?
   동생의 이름은 무엇입니까?
   제 여동생입니다.
   여동생의 자전거입니까?
   남동생의 자전거입니다.

~도

1. 2) 소희도 학생입니다.
   3) 지우개도 있습니다.
   4) 코끼리하고 원숭이도 있습니다.

2. 책상에 책하고 사전하고 공책하고 필통하고 볼펜도 있습니다.
   침대에 이불하고 베개도 있습니다.
   피아노에 인형하고 사진도 있습니다.
   의자하고 달력하고 시계도 있습니다.

05 복습

▶ **어휘**

	㉠거			①/㉡가	방
②/㉢교	실			수	
사		㉤인			㉥청
	③/㉣지	도			소
	우			④주	부
	개				
			⑤/㉦의	자	
	⑥미	용	사		

▶ **어휘/문법**

1. ②
2. ④
3. ③
4. 누구
5. 어느
6. 어디
7. 무엇
8. ①
9. ②
10. ④

▶ **쓰기**

1. ④
2. ②
3. ①
4. ③
5. 저는 학생입니다.
   여기는 제 교실입니다.
   칠판하고 책상하고 의자가 있습니다.
   지도하고 책하고 공책하고 시계도 있습니다.
   학생이 3명 있습니다.
   선생님은 없습니다.

▶ **듣기**

1. 5명
2. 1) X 2) O 3) X
3. 1) 언니는 스물한 살입니다.
   2) 남동생은 열다섯 살입니다.

▶ **읽기**

1. ③
2. ②
3. ④
4. ④

3과 학교

01

▶ **어휘**

1. 다음 그림을 보고 맞는 것을 연결하십시오.

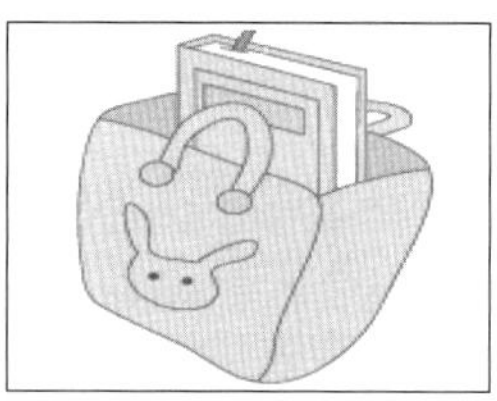

아래

위

앞

옆

안

밖

2. 2) 위
   3) 사이
   4) 밑
   5) 옆
   6) 안

▸ 문법

~에 있습니다. / 없습니다.

1. 2) 없습니다.
   3) 침대가 있습니다.
   4) 방에 침대가 없습니다.

2. 2) 준석이가 책상 밑에 있습니다.
   3) 제임스가 옷장 안에 있습니다.
   4) 수잔이 의자 옆에 있습니다.
   5) 술래가 방 밖에 있습니다.

3. 2) 위에 베개가 있습니다.
   위에 인형이 없습니다.
   3) 안에 치약이 있습니다.
   안에 화장품이 없습니다.
   4) 안에 식탁이 있습니다.
   안에 커피가 없습니다.

~와/~과

1.	
1) 화장실	복사기 / 종이
2) 복사실	책 / 사전
3) 서재	비누 / 휴지
4) 거실	소파 / 텔레비전
5) 부엌	그릇 / 전기밥솥

2) 복사실에 복사기와 종이가 있습니다.
3) 서재에 책과 사전이 있습니다.
4) 거실에 소파와 텔레비전이 있습니다.
5) 부엌에 그릇과 전기밥솥이 있습니다.

2. 2) 벽에 달력이 있습니다. 벽에 달력이 없습니다.
   3) 책상 위에 모자와 신문이 있습니다. 책상 위에 모자와 신문이 없습니다.
   4) 책상 위에 책과 공책이 있습니다. 책상 위에 책과 공책이 있습니다.
   5) 책상 밑에 가방과 신발이 있습니다. 책상 밑에 가방과 신발이 없습니다.

02

▶ 어휘

1.

	오다	보다	사다	만나다
먹다	마시다	씻다	자다	일어나다
가르치다	배우다	듣다	읽다	쓰다
공부하다	말하다	청소하다	일하다	운동하다

2.

	문구점	**기**숙사	안**경**점	도**서**관
미용실	체육관	우체국	**커피**숍	경**찰**서

   2) 안경점에 있습니다.
   3) 미용실에 있습니다.
   4) 경찰서에 있습니다.

▶ 문법

~을/~를

1. 2) 를
   3) 을
   4) 을
   5) 를

2. 2) 를
   3) 의
   4) 도
   5) 과
   6) 는
   7) 와, 을 / 도

-습/ㅂ니다, -습/ㅂ니까?

1.

기본형	-습/ㅂ니다	-습/ㅂ니까?	기본형	-습/ㅂ니다	-습/ㅂ니까?
가다	갑니다	갑니까?	쓰다	씁니다	씁니까?
먹다	먹습니다	먹습니까?	자다	잡니다	잡니까?
배우다	배웁니다	배웁니까?	닫다	닫습니다	닫습니까?
가르치다	가르칩니다	가르칩니까?	읽다	읽습니다	읽습니까?
일어나다	일어납니다	일어납니까?	앉다	앉습니다	앉습니까?
공부하다	공부합니다	공부합니까?	만나다	만납니다	만납니까?
좋다	좋습니다	좋습니까?	많다	많습니다	많습니까?
크다	큽니다	큽니까?	적다	적습니다	적습니까?
작다	작습니다	작습니까?	예쁘다	예쁩니다	예쁩니까?
나쁘다	나쁩니다	나쁩니까?	재미있다	재미있습니다	재미있습니까?

2. 2) 삽니다.
   3) 먹습니다.
   4) 좋습니다.
   5) 예쁩니다.
   6) 공부합니까?
   7) 만납니까?
   8) 재미있습니까?
   9) 많습니까? / 적습니다.
   10) 네. 맛있습니다. / 아니요. 맛없습니다.

3. 2) 원숭이를 봅니다.
   3) 한국어를 가르치십니다.
   4) 공책을 삽니다.
   5) 무엇을 읽습니까?
   6) 먹습니까? 불고기를 먹습니다.
   7) 수영을 합니다.
   8) 듣습니까? 저는 한국 음악을 듣습니다.
   9) 하십니까? 청소를 하십니다.

~에서

1. 2) 욕실에서 샤워를 합니다.
   3) 백화점에서 옷을 삽니다.
   4) 가 : 어디에서 무엇을 합니까?
      나 : 부엌에서 요리를 합니다.

2\. 1) 서점 • • 한국어 • • 사다 → 서점에서 책을 삽니다.
   2) 학교 • • 음식 • • 타다 → 공항에서 비행기를 탑니다.
   3) 식당 • • 책 • • 먹다 → 식당에서 음식을 먹습니다.
   4) 은행 • • 비행기 • • 배우다 → 학교에서 한국어를 배웁니다.
   5) 공항 • • 돈 • • 찾다 → 은행에서 돈을 찾습니다.

3\. 2) 어디에 있습니까? / 학교에서
   3) 거실에 있습니다. / 거실에서
   4) 어디에 있습니까? / 식당에서 무엇을 합니까? /식당에서 저녁을 먹습니다.

5\. 2) 집에
   3) 식당에서
   4) 극장에서
   5) 도서관에

03

▶ 어휘

1\. 2) 들어옵니다.
   3) 앉습니다.
   4) 켭니다.
   5) 끕니다.

2\. 2) 삽니다.
   3) 들어갑니다.
   4) 줍니다.
   5) 기다립니다.
   6) 일어납니다.
   7) 청소를 합니다.
   8) 듣습니다.
   9) 배웁니다.
   10) 일합니다.

▶ 문법

'ㄹ' 탈락

1.

기본형	-습/ㅂ니다	-습/ㅂ니까?
살다	삽니다	삽니까?
열다	엽니다	엽니까?
만들다	만듭니다	만듭니까?
알다	압니다	압니까?
놀다	놉니다	놉니까?
팔다	팝니다	팝니까?

2. 2) 만듭니다.
   3) 놉니다.
   4) 풉니다.
   5) 압니다.
   6) 팝니다.

3. 삽니다, 압니다, 놉니다, 만듭니다, 팝니다.

~에 가다.

1. 2) 서점에 갑니다.
   3) 체육관에 갑니다.
   4) 우체국에 갑니다.
   5) 도서관에 갑니다.
   6) 미용실에 갑니다.
   7) 병원에 갑니다.
   8) 은행에 갑니다.
   9) 백화점에 갑니다.
   10) 식당에 갑니다.

2. 2) 미용실에 갑니다.
   3) 식당에 갑니다.
   4) 병원에 갑니다.
   5) 경찰서에 갑니까? / 경찰서에 갑니다.

~에서 오다.

1. 2) 운동장에서 옵니다.
   3) 병원에서 옵니다.
   4) 가 : 미장원에서 옵니까?
      나 : 네. 미장원에서 옵니다.
   5) 가 : 동물원에서 옵니까?
      나 : 네. 동물원에서 옵니다.

-지 않다.

1. 2) 준석 씨는 고향에 가지 않습니다.
      준석 씨는 고향에 가지 않습니까?
   3) 사라 씨는 서점에 가지 않습니다.
      사라 씨는 서점에 가지 않습니까?
   4) 수지 씨가 문제를 풀지 않습니다.
      수지 씨가 문제를 풀지 않습니까?
   5) 아저씨가 수박을 팔지 않습니다.
      아저씨가 수박을 팔지 않습니까?

2. 2) 아니요, 공부를 하지 않습니다. 잠을 잡니다.
   3) 아니요, 책을 읽지 않습니다. 음악을 듣습니다.
   4) 아니요, 한국어를 말하지 않습니다. 편지를 씁니다.
   5) 아니요, 텔레비전을 보지 않습니다. 운동을 합니다.
   6) 아니요, 빨래를 하지 않습니다. 청소를 합니다.
   7) 아니요, 생선을 팔지 않습니다. 과일을 팝니다.
   8) 아니요, 한국어를 가르치지 않습니다. 영어를 가르칩니다.
   9) 아니요, 책을 사지 않습니다. 꽃을 삽니다.

04

▶ 어휘

1. 다음 그림을 보고 알맞은 것을 연결하십시오.

1)

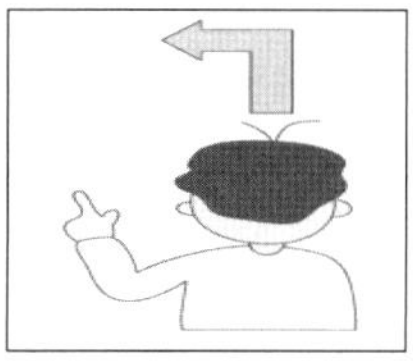

2)

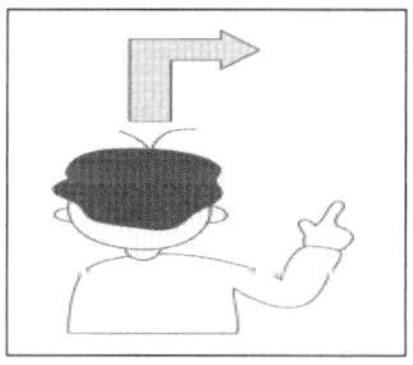

3)

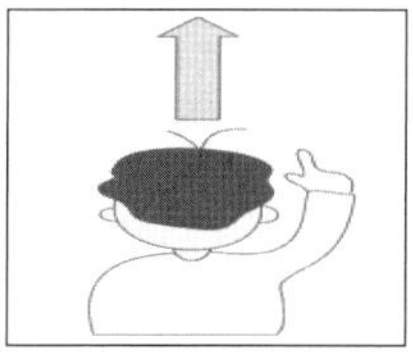

4)

5)

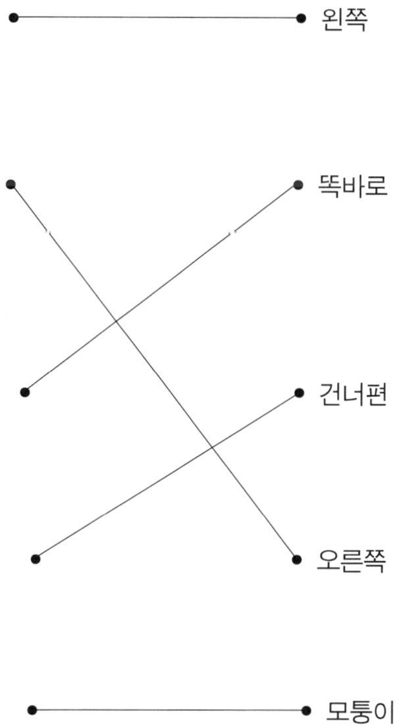

2. 2) 내려갑니다.
   3) 나갑니다.
   4) 들어옵니다.

3. 올라갑니다, 갑니다, 있습니다, 들어갑니다, 앉습니다, 한국어를 공부합니다.

▶ 문법

1. -(으)세요.

기본형	-(으)세요	-(으)십시오	-지 마세요	-지 마십시오
가다	가세요	가십시오	가지 마세요	가지 마십시오
쓰다	쓰세요	쓰십시오	쓰지 마세요	쓰지 마십시오
만나다	만나세요	만나십시오	만나지 마세요	만나지 마십시오
읽다	읽으세요	읽으십시오	읽지 마세요	읽지 마십시오
팔다	파세요	파십시오	팔지 마세요	팔지 마십시오
만들다	만드세요	만드십시오	만들지 마세요	만들지 마십시오
일어나다	일어나세요	일어나십시오	일어나지 마세요	일어나지 마십시오
공부하다	공부하세요	공부하십시오	공부하지 마세요	공부하지 마십시오
*자다	주무세요	주무십시오	자지 마세요	자지 마십시오
*먹다	드세요	드십시오	먹지 마세요	먹지 마십시오
*마시다	드세요	드십시오	마시지 마세요	마시지 마십시오

2. 2) 우유를 드세요. 커피를 마시지 마세요.
   3) 도서관에서 공부를 하세요. 잠을 자지 마세요.

3. 2) 한국어를 공부하세요.
   3) 커피를 드세요.
   4) 신문을 읽으세요.
   5) 식당에 가세요.
   6) 체육관에서 노세요.

4. 2) 식당에 가세요.
   3) 은행에서 돈을 찾으세요.
   4) 이야기를 하지 마세요.
   5) 피우지 마세요.
   6) 먹지 마세요.

~으로

1. 2) 왼쪽으로 가세요.
   3) 똑바로 가세요.
   4) 뒤로 돌아가세요. 돌아가세요.

2. 1) ②

2) ②, 오른쪽으로 가세요. → 왼쪽으로 가세요. → 왼쪽으로 가세요. → 오른쪽으로 가세요. → 왼쪽으로 가세요. → 오른쪽으로 가세요. → 왼쪽으로 가세요. → 오른쪽으로 가세요.

'ㄷ' 불규칙

1.

기본형	-습/ㅂ니다	-습/ㅂ니까?	-지 않다	-(으)세요
*듣다	듣습니다	듣습니까?	듣지 않다	들으세요
*묻다	묻습니다	묻습니까?	묻지 않다	물으세요
*걷다	걷습니다	걷습니까?	걷지 않다	걸으세요
*싣다	싣습니다	싣습니까?	싣지 않다	실으세요
받다	받습니다	받습니까?	받지 않다	받으세요
믿다	믿습니다	믿습니까?	믿지 않다	믿으세요
닫다	닫습니다	닫습니까?	닫지 않다	닫으세요

2. 2) 실으세요.
3) 걷습니까?
4) 믿으세요.
5) 물으세요.

3. 2) 듣습니다.
3) 닫으세요.
4) 걸으세요.
5) 삽니다.
6) 노세요.

05

▸ 어휘

1. 위
2. 는, 이
3. 안, 와
4. 를
5. 에서
6. 으로
7. 도

8. 의
9. 일어납니다, 먹습니다, 갑니다, 배웁니다, 일합니다, 가르칩니다, 공부합니다.
10.

손	을	재미있다	→ 영화가 재미있습니다.
친구	가	높다	→ 건물이 높습니다.
영화	이	만나다	→ 친구를 만납니다.
건물	를	씻다	→ 손을 씻습니다.

11. 듣다.
12. 씻다.
13. 마시다.

▶ 어휘 / 문법

1. ②
2. ④
3. ①
4. ②
5. ④
6. 닫습니다.
7. 나옵니다.
8. 켭니다.
9. 섭니다.
10. 내려갑니다.
11. 만듭니다.
12. 풉니다.
13. 팝니다.
14. 압니다.
15. 삽니다.
16. 놉니다.
17. ②
18. ④
19. ②
20. 읽습니다.
21. 교실로
22. 삽니다.
23. 공부를
24. 책상과

▶ 쓰기

1. ①
2. ④
3. 가방 안에 사과와 배가 있습니다.
4. 친구가 중국에서 옵니다.
5. 충북대학교에서 한국어를 배웁니다.
6. 친구 집에서 김밥과 떡볶이를 만듭니다.

▶ 듣기

1. ①
2. ③
3. ④
4. ①
5. ①

▶ 읽기

1. ④
2. ②
3. ④

4과 일상생활 1

01

▶ 어휘

1. 2) 아홉 시 십오 분입니다.
   3) 일곱 시 오 분입니다.
   4) 여덟 시 사십 분입니다.
   5) 오후 다섯 시 이십사 분입니다.
   6) 오후 열 시 오십 육 분입니다. / 열 한 시 사 분 전입니다.

2. 2) 새벽입니다.
   3) 저녁입니다.
   4) 밤입니다.
   5) 아침 / 낮

▶ 문법

~에

1. 2) 다섯 시에 친구를 만납니다.
   3) 여섯 시에 밥을 먹습니다.
   4) 일곱 시에 운동을 합니다.

2. 아침 / 밤 / 태권도
   아침에 무엇을 합니까?
   낮에 한국 친구를 만납니다.
   저녁에 무엇을 합니까?
   숙제를 하고 컴퓨터를 합니다.

3. 수요일에 책을 읽습니다.
   목요일 오전 10시에 영화를 봅니다.
   토요일 오후 2시에 친구를 만납니다.

-아/어/여요.

1.

기본형	-아/어/여요	기본형	-아/어/여요
앉다	앉아요	가르치다	가르쳐요
가다	가요	공부하다	공부해요
만나다	만나요	알다	알아요
먹다	먹어요	놀다	놀아요
읽다	읽어요	듣다	들어요
배우다	배워요	걷다	걸어요
마시다	마셔요	받다	받아요
좋다	좋아요	많다	많아요
작다	작아요	적다	적어요
재미있다	재미있어요	재미없다	재미없어요

2. 2) 네, 영어를 가르쳐요.
   3) 아니요, 책을 읽어요.
   4) 차를 마셔요.

3. 이에요. 가요. 해요. 사요. 사요. 먹어요. 좋아해요. 먹어요.
   좋아해요. 먹어요. 맛있어요. 가요. 마셔요. 해요.

4. 2) 만드어요 → 만들어요.
   3) 오아요 → 와요.
   4) 가르치어요 → 가르쳐요.
   5) 보어요 → 봐요.

'으' 탈락

1.

기본형	-아/어/여요	-습/ㅂ니다	-(으)세요	-지 않습니다
쓰다	써요	씁니다	쓰세요	쓰지 않습니다
끄다	꺼요	끕니다	끄세요	끄지 않습니다
모으다	모아요	모읍니다	모으세요	모으지 않습니다
크다	커요	큽니다		크지 않습니다
예쁘다	예뻐요	예쁩니다		예쁘지 않습니다
바쁘다	바빠요	바쁩니다		바쁘지 않습니다
나쁘다	나빠요	나쁩니다		나쁘지 않습니다

2. 2) 바빠요.
   3) 커요.
   4) 모아요.

3. 2) 바쁘지 않습니다.
   3) 믿어요
   4) 아파요. / 걷지 않아요.
   5) 노세요.
   6) 모으지 않습니다. / 모읍니다.

02

▶ 어휘

1. 2) 삼월
   3) 사월
   4) 유월
   5) 칠월
   6) 팔월
   7) 시월
   8) 십이월

2. 2) 십이월 이십오일이에요.
   3) 팔월 십칠일에 해요.
   4) 시월 십일이에요.

▶ 문법

~부터 ~까지

1. 2) 칠월부터 시월까지
   3) 삼일부터 이십사일까지
   4) 월요일부터 금요일까지
   5) 아침부터 저녁까지

2. 2) 1시부터 2시까지 점심을 먹어요.
   3) 2시부터 4시까지 도서관에 있어요.
   4) 오후 4시에 친구를 만나요.
   5) 6시부터 7시까지 저녁을 먹어요.
   6) 9시까지 봐요.
   7) 밤 10시부터 아침 8시까지 잠을 자요.

-고

1. 2) 겐지는 공부를 하고 리에는 컴퓨터를 해요.
   3) 마리아는 청소를 하고 라이언은 요리를 해요.
   4) 샤워를 하고 잠을 자요.

2. 2) 미라 씨는 오전에 운동을 하고 오후에 영화를 봐요.
   3) 사라 씨는 학교에 가고 장이 씨는 집에 가요.
   4) 샤오핑 씨는 1시에 책을 읽고 3시에 음악을 들어요.
   5) 제 고향은 산도 많고 공기도 좋아요.

3. 1) 운동을 해요.
   운동을 하고 7시에 저녁 식사를 해요.
   2) 9시에 한국어 수업을 듣고 1시에 점심 식사를 해요.
   점심 식사를 하고 4시에 영화를 봐요.
   영화를 보고 6시에 책을 읽어요.

안

1. 2) 안 들어요.
   3) 안 바빠요.
   4) 안 고파요.
   5) 밥을 안 먹고 운동을 해요.

2. 2) 월요일에 한국어 수업을 안 해요. / 수요일부터 금요일까지 한국어 수업을 해요
   3) 토요일에 서울에 안 가요. 부산에 가요.
   4) 일요일에 청소를 안 해요. 편지를 써요.

03

▶ 어휘

1. 농구 배구 태권도 → 하다
   스노보드 스케이트 → 타다
   당구 탁구 볼링 테니스 → 치다

▶ 문법

–(으)ㄹ 거예요.

1.

기본형	-(으)ㄹ 거예요	-(으)ㄹ 겁니다	기본형	-(으)ㄹ 거예요	-(으)ㄹ 겁니다
가다	갈 거예요	갈 겁니다	살다	살 거예요	살 겁니다
사다	살 거예요	살 겁니다	만들다	만들 거예요	만들 겁니다
앉다	앉을 거예요	앉을 겁니다	좋다	좋을 거예요	좋을 겁니다
읽다	읽을 거예요	읽을 겁니다	작다	작을 거예요	작을 겁니다
쓰다	쓸 거예요	쓸 겁니다	바쁘다	바쁠 거예요	바쁠 겁니다
묻다	물을 거예요	물을 겁니다	예쁘다	예쁠 거예요	예쁠 겁니다
듣다	들을 거예요	들을 겁니다	재미있다	재미있을 거예요	재미있을 겁니다
공부하다	공부할 거예요	공부할 겁니다	피곤하다	피곤할 거예요	피곤할 겁니다

2. 2) 내일 제임스 씨는 바쁠 거예요.
 3) 토요일에 영화를 볼 거예요.
 4) 저녁에 책을 읽을 거예요.
 5) 주말에 한국 음식을 만들 거예요.
 6) 그 친구는 성격이 좋을 거예요.
 7) 저녁에 노래를 들을 거예요.
 8) 주말에 친구와 놀 거예요.
 9) 언니는 피곤할 거예요.
 10) 금요일에 눈이 올 거예요.

3. 2) 책을 읽을 거예요.
 3) 컴퓨터를 할 거예요.
 4) 비가 올 거예요.
 5) 김치를 좋아할 거예요.
 6) 교실에 있을 거예요.
 7) 다음 달에 돌아올 거예요.
 8) 쌀 거예요.

4. 제주도에 갈 거예요.
배를 타고 갈 거예요.
탈 거예요.
먹을 거예요.
회는 안 먹을 거예요.
잠을 잘 거예요?
잘 거예요.
볼 거예요?
안 볼 거예요.
들을 거예요.
사진도 찍고 수영도 할 거예요.

–(으)ㄹ 수 있다. / 없다.

1. 2) 한국 노래를 부를 수 있어요. / 한국 노래를 부를 수 없어요.
3) 김치찌개를 만들 수 있어요. / 김치찌개를 만들 수 없어요.
4) 수학 문제를 풀 수 있어요. / 수학 문제를 풀 수 없어요.
5) 집까지 걸을 수 있어요. / 집까지 걸을 수 없어요.
6) 영어를 할 수 있어요. / 영어를 할 수 없어요.

2. 2) 태권도를 할 수 있어요. / 스키를 탈 수 없어요.
3) 탁구를 칠 수 있어요. / 운전을 할 수 없어요.
4) 요리를 할 수 있어요. / 김치를 먹을 수 없어요.
5) 한국 책을 읽을 수 있어요. / 한국 영화를 볼 수 없어요.

–아/어/여서

1.

기본형	-아/어/여서	기본형	-아/어/여서
앉다	앉아서	씻다	씻어서
가다	가서	쓰다	써서
만나다	만나서	걷다	걸어서
내리다	내려서	만들다	만들어서
숙제하다	숙제해서	일어나다	일어나서

2. 2) 편지를 써서 부모님께 보내요.
3) 버스에서 내려서 전화하세요.
4) 의자에 앉아서 기다리세요.
5) 친구를 만나서 영화를 봐요.

6) 사과를 씻어서 먹어요.
7) 케이크를 요리해서 친구들과 같이 먹을 거예요.
8) 방학에 고향에 가서 고향 음식을 먹을 거예요.

3. 2) 씻어서 먹을 거예요.
3) 꽃을 사서 친구에게 줄 거예요.
4) 친구를 만나서 동물원에 갈 거예요.
5) 카메라를 빌려서 사진을 찍을 거예요.
6) 의자에 앉아서 전화를 할 거예요.

5. 2) 만나서
3) 쓰고
4) 가서
5) 읽고
6) 사서
7) 만들어서
8) 듣고

04

▸ 어휘

1. 이번 주 / 어제 / 모레
지난달 / 다음 달
올해 / 내년

2. 2) 그저께
3) 다음 주 목요일
4) 내년
5) 다음 달

▶ **문법**

-았/었/였-

1.

기본형	-았/었/였어요	-았/었/였습니다	기본형	-았/었/였어요	-았/었/였습니다
앉다	앉았어요	앉았습니다	배우다	배웠어요	배웠습니다
받다	받았어요	받았습니다	마시다	마셨어요	마셨습니다
가다	갔어요	갔습니다	가르치다	가르쳤어요	가르쳤습니다
오다	왔어요	왔습니다	알다	알았어요	알았습니다
보다	봤어요	봤습니다	만들다	만들었어요	만들었습니다
만나다	만났어요	만났습니다	공부하다	공부했어요	공부했습니다
먹다	먹었어요	먹었습니다	숙제하다	숙제했어요	숙제했습니다
읽다	읽었어요	읽었습니다	듣다	들었어요	들었습니다
쓰다	썼어요	썼습니다	묻다	물었어요	물었습니다
모으다	모았어요	모았습니다	닫다	닫았어요	닫았습니다
좋다	좋았어요	좋았습니다	예쁘다	예뻤어요	예뻤습니다
나쁘다	나빴어요	나빴습니다	바쁘다	바빴어요	바빴습니다
많다	많았어요	많았습니다	재미있다	재미있었어요	재미있었습니다
적다	적었어요	적었습니다	재미없다	재미없었어요	재미없었습니다

2. 2) 편지를 썼어요.
   3) 친구하고 여행을 했어요.
   4) 빵과 우유를 먹었어요.
   5) 고향에서 가족을 만났어요.
   6) 도서관에 사람이 많았어요.

3. 2) 백화점에서 쇼핑을 했어요.
   3) 영화관에서 영화를 봤어요.
   4) 친구를 만났어요.
   5) 탁구를 쳤어요.
   6) 무엇을 했어요? / 음악을 들었어요.
   7) 눈이 왔어요.
   8) 비가 안 왔어요.

–아/어/여서

1.

기본형	–아/어/여서	기본형	–아/어/여서
가다	가서	살다	살아서
오다	와서	만들다	만들어서
읽다	읽어서	빨래하다	빨래해서
배우다	배워서	듣다	들어서
기다리다	기다려서	걷다	걸어서
좋다	좋아서	바쁘다	바빠서
나쁘다	나빠서	예쁘다	예뻐서

2. 2) 배가 아파서 갔어요.
   3) 운동을 해서 피곤해요.
   4) 김밥이 맛있어서 자주 가요.
   5) 멋있어서 좋아요.
   6) 커피를 많이 마셔서 잠을 잘 수 없었어요.

3. 2) 숙제가 많아서 놀 수 없어요.
   3) 늦잠을 자서 수업에 늦었어요.
   4) 감기에 걸려서 병원에 갔어요.
   5) 친구와 약속이 있어서 시내에 가요.

못

1. 2) 전화 못 했어요. / 하지 못했어요.
   3) 잘 못 봤어요. / 잘 보지 못했어요.
   4) 아니요, 못 만들어요. / 만들지 못해요.
   5) 아니요, 못 읽어요. / 읽지 못해요.

2. 2) 아니요, 비싸서 못 샀어요.
   3) 아니요, 아파서 못 가요.
   4) 아니요, 시끄러워서 못 들어요.
   5) 아니요, 매워서 못 먹어요.
   6) 아니요, 바빠서 못 만났어요.

05 복습

▶ 어휘

1. 날씨　2. 못　3. 자전거　4. 안　5. 시작하고
6. 평일　7. 주말　8. 혼자　9. 휴가　10. 운전
11. 바빠서　12. 모레　13. 금요일　14. 샤워해요　15. 많을

▶ 어휘 / 문법

1. ③
2. ①
3. ②
4. ①
5. ②
6. ②
7. ①
8. ③

▶ 쓰기

1. ④
2. ③
3. ②
4. ②
5. 한국어 수업은 월요일부터 금요일까지 있어요.
6. 밥을 먹고 이를 닦아요.
7. 형과 누나가 내년에 한국에 올 거예요.
8. 했어요. / 할 수 있어요. / 와서 / 못 / 모레 / 할 거예요. / 할 거예요.
9. 태권도를 할 수 없어요.
10. 비가 와서

▶ 듣기

1. ③
2. ①
3. ④
4. ②

▶ 읽기

1. ④
2. ①
3. ④

5과 쇼핑

01

▶ 어휘

1. 2) 옷 두 벌, 책 두 권, 사과 세 개
   3) 주스 두 병, 볼펜 세 자루, 꽃 다섯 송이
   4) 슬리퍼 한 켤레, 맥주 네 병
   5) 사전 한 권, 카메라 한 대, 생선 일곱 마리

2. 2) 현금, 수표, 신용카드.
   3) 지폐, 동전

3. 삼십사만 오천 원　육만 팔천칠백 원　십일만 원　이백삼십만 원

4. 1) 쉰다섯
   2) 삼, 스물세
   3) 삼만 오천, 70,000
   4) 삼십사, 스무
   5) 만 이백, 만 이천
   6) 여든네, 78

5.

2)		3)		4)	
장갑		음악 CD		맥주	
양말	세 켤레	비행기 표	일곱 장	물	열한 병
운동화		사진 / 종이		커피	

▶ 문법

~(이)나

1. 2) 나
   3) 나
   4) 이나
   5) 이나

2. 2) 요리나 수영을 배울 거예요.
   3) 커피나 주스를 마실 거예요.
   4) 서울이나 제주도에 갈 거예요.

~에

1. 2) 일주일에 네 번 쇼핑을 해요.
   3) 한 반에 열두 명이 있어요.
   4) 한 권에 8,500원이에요.
   5) 한 병에 750원이에요.
   6) 한 학기에 10주 과정이에요.

2. 2) 일주일에 세 번 해요.
   3) 일주일에 두 번 읽어요.
   4) 일주일에 한 번 봐요.

-아/어/여 주다.

1.

기본형	-아/어/여 주다	기본형	-아/어/여 주다
가다	가 주다	쓰다	써 주다
오다	와 주다	모으다	모아 주다
만나다	만나 주다	읽다	읽어 주다
보다	봐 주다	씻다	씻어 주다
사귀다	사귀어 주다	앉다	앉아 주다
가르치다	가르쳐 주다	닫다	닫아 주다
열다	열어 주다	듣다	들어 주다
놀다	놀아 주다	청소하다	청소해 주다
만들다	만들어 주다	노래하다	노래해 주다

2. 2) 가르쳐 주세요.
   3) 만들어 주세요.
   4) 조용히 해 주세요.

3. 2) 창문을 열 수 없어서 열어 주었어요.
   3) 컴퓨터가 고장이어서 고쳐 주었어요.
   4) 아이가 잠을 못 자서 책을 읽어 주었어요.

02

▶ 어휘

1. 2) 떡볶이
   3) 김밥
   4) 삼계탕
   5) 떡국
   6) 생선회

2. 1) 김치, 고추 — 맵다
   2) 간장, 소금 — 짜다
   3) 설탕, 사탕 — 달다
   4) 레몬, 식초 — 시다

▶ 문법

-(으)ㄹ까요?

1.

기본형	-(으)ㄹ까요?	기본형	-(으)ㄹ까요?
가다	갈까요?	듣다	들을까요?
오다	올까요?	읽다	읽을까요?
쓰다	쓸까요?	닫다	닫을까요?
만나다	만날까요?	앉다	앉을까요?
열다	열까요?	입다	입을까요?
만들다	만들까요?	노래하다	노래할까요?
좋다	좋을까요?	크다	클까요?
나쁘다	나쁠까요?	예쁘다	예쁠까요?
많다	많을까요?	재미있다	재미있을까요?

2. 2) 찍을까요?
   3) 숙제할까요?
   4) 놀까요?
   5) 신을까요?
   6) 재미있을까요?
   7) 바쁠까요?

-(으)ㅂ시다.

1.

기본형	-(으)ㅂ시다	기본형	-(으)ㅂ시다
가다	갑시다	읽다	읽읍시다
쓰다	씁시다	듣다	들읍시다
만나다	만납시다	앉다	앉읍시다
팔다	팝시다	찍다	찍읍시다
만들다	만듭시다	숙제하다	숙제합시다

2. 2) 우리 (같이) 책을 읽읍시다.
   3) 같이 놉시다.

3. 2) 같이 과자를 만듭시다.
   3) 책을 읽읍시다.
   4) 들읍시다.
   5) 좋아요. 같이 테니스를 칩시다.

4. 2) 올 거예요.
   3) 운동하세요.
   4) 있을 거예요.
   5) 만듭시다.

-지만

1. 2) 저 컴퓨터가 좋지만 비싸요.
   3) 제임스 씨는 음악을 듣지만 크리스 씨는 영화를 봐요.
   4) 저는 키가 크지만 농구를 못해요.
   5) 어제는 시내에 갔지만 오늘은 친구를 만나요.
   6) 영화가 재미있지만 너무 길어요.
   7) 제 친구는 성격이 나쁘지만 예뻐요.
   8) 어머니는 요리를 할 수 있지만 저는 할 수 없어요.
   9) 편지를 썼지만 보내지 않았어요.
   10) 지난주에는 일이 많았지만 이번 주에는 시간이 많아요.

2. 2) 안톤 씨는 수영을 할 수 있지만 준석 씨는 수영을 할 수 없어요.
   3) 팅란 씨는 김치를 먹지만 메이린 씨는 김치를 먹지 않아요.
   4) 한국어 말하기는 잘하지만 쓰기는 못해요

03

▶ 어휘

1. 시끄럽다. 힘들다. 행복하다.
   즐겁다. 똑똑하다. 멋지다. 간단하다.

2. 2) 따뜻했어요.
   3) 시끄러웠습니다.
   4) 멋있고 / 예뻤어요.
   5) 슬퍼서

▶ 문법

–고 싶다.

1. 2) 여행을 가고 싶어요.
   3) 한국 노래를 듣고 싶어요.
   4) 스키를 배우고 싶어요.

2. 2) 소설책을 읽고 싶어요.
   3) 한국 음식을 만들고 싶어해요.
   4) 이집트로 여행 가고 싶어요.

–(으)러 가다./오다.

1. 2) 보러 가요.
   3) 배우러 왔어요.
   4) 만들러 친구 집에 갈 거예요.
   5) 만나러 몽골에 가요.

2. 2) 편지를 보내러 우체국에 가요.
   3) 공책과 볼펜을 사러 문구점에 가요.
   4) 머리를 깎으러 미용실에 가요.
   5) 밥을 먹으러 식당에 가요.

3. 2) 씻고 싶어요. / 욕실
   3) 공부를 하고 싶어요. / 공부를 하러 도서관에 가요.
   4) 선물을 사고 싶어요. / 선물을 사러 백화점에 가요.

'ㅂ' 불규칙

1.

기본형	-습/ㅂ니다	-아/어/여요	-았/었/였어요	-(으)ㄹ 거예요
덥다	덥습니다	더워요	더웠어요	더울 거예요
춥다	춥습니다	추워요	추웠어요	추울 거예요
즐겁다	즐겁습니다	즐거워요	즐거웠어요	즐거울 거예요
반갑다	반갑습니다	반가워요	반가웠어요	반가울 거예요
아름답다	아름답습니다	아름다워요	아름다웠어요	아름다울 거예요
돕다	돕습니다	도와요	도왔어요	도울 거예요

2. 2) 아름다워서
   3) 맵지
   4) 도울 거예요.
   5) 즐겁고

3. 쓰었어요 → 썼어요
   이웠어요 → 입었어요
   다았어요 → 달았아요
   즐겁었어요 → 즐거웠어요

04

▶ 어휘

1. 2) 스웨터, 치마
   3) 와이셔츠, 바지, 넥타이
   4) 운동복
   5) 티셔츠, 반바지
   6) 외투, 바지, 목도리, 모자

▶ 문법

-(으)니까

1. 2) 아프니까
   3) 오시니까
   4) 있으니까
   5) 닫으니까
   6) 파니까

2. 2) 수박이 크니까 수박을 사세요.
   3) 어제 일을 했으니까 오늘은 쉬세요.

3. 2) 세일 기간이니까
   3) 좋아하니까
   4) 추우니까
   5) 김치를 싫어하니까 안 먹어요.

4. 2) 아파서
   3) 늦어서
   4) 없으니까
   5) 했으니까

-아/어/여 보다.

1. 2) 써 보세요.
   3) 가 보세요.
   4) 들어 보세요.
   5) 앉아 보세요.

2. 2) 한번 전화해 보세요.
   3) 입어 볼까요? / 입어 보세요.
   4) 읽어 보세요.
   5) 만나 보세요.

3. 2) 머리가 너무 기니까 머리를 깎아 보세요.
   3) 제가 과자를 만들었으니까 먹어 보세요.
   4) 교실이 어두우니까 불을 켜 보세요.
   5) 피아노를 잘 치니까 피아노를 쳐 보세요.

–(으)ㄴ

1.

형용사	–(으)ㄴ	형용사	–(으)ㄴ
예쁘다	예쁜	좋다	좋은
바쁘다	바쁜	작다	작은
슬프다	슬픈	많다	많은
힘들다	힘든	* 재미있다	재미있는
행복하다	행복한	* 맛없다	맛없는

2. 2) 많은 돈
   3) 아름다운 산

3. 1) 많다 • ——• 사람이 왔어요.
   2) 행복하다 • ——• 우리 집입니다.
   3) 길다 • ——• 머리를 자르고 싶어요.
   4) 크다 • ——• 옷을 바꿀 거예요.
   5) 맛있다 • ——• 음식을 먹으러 가요.

   2) 행복한 우리 집입니다.
   3) 긴 머리를 자르고 싶어요.
   4) 큰 옷을 바꿀 거예요.
   5) 맛있는 음식을 먹으러 가요.

05 복습

▶ 어휘

1. 이메일 2. 어두워서 3. 예전 4. 시키세요. 5. 힘들었어요.
6. 유학 7. 넣었어요. 8. 여러 9. 복잡해요. 10. 슬퍼서
11. 귀엽고 12. 간단하니까 13. 봉투 14. 재래시장 15. 빌려서

▶ 어휘 / 문법

1. ④
2. ②
3. ③
4. ①
5. ③
6. 한 벌에 / 사러 / 많은

▶ 쓰기

1. ④
2. 원피스는 싸지만 정장은 비싸요.
3. 오늘은 바쁘니까 내일 만납시다.
4. 갈비탕이 맛있으니까 한번 먹어 보세요.

▶ 듣기

1. ②
2. ②
3. ②

▶ 읽기

1. ③
2. ④
3. ③
4. ①

매일 만나는 한국어 1 활용

저 자 : 충북대학교 국제교류원
발행처 : 충북대학교 출판부
발행인 : 김승택
표지디자인 : design of(www.ofof.kr)
주 소 : (361-763) 충북 청주시 흥덕구 내수동로 52(개신동)
전 화 : (043) 261-2952, 3014
팩 스 : (043) 274-1256
이메일 : presscbu@chungbuk.ac.kr
등 록 : 제1983-2001-7호
초판1쇄: 2012.06.22.
편집 및 인쇄 : 도서출판 수덕인쇄 043)266-4627

ISBN 978-89-7295-189-6 93710

값 12,000원